Wählen Sie Ihren WoW!

Ein Ansatz nach Disciplined Agile
zur Optimierung Ihrer Arbeitsweise

Zweite Ausgabe

Scott W. Ambler
Mark Lines

Die Daten für das Cataloging-in-Publication der Library of Congress in den USA sind beantragt.

Namen: Ambler, Scott W., 1966- Verfasser. | Lines, Mark, 1964- Verfasser.
Titel: Wählen Sie Ihren Wow! : ein Ansatz nach disciplined agile zur Optimierung Ihrer Arbeitsweise / Scott W. Ambler, Mark Lines.
Beschreibung: Zweite Ausgabe | Newtown Square, Pennsylvania: Project Management Institute, Inc., [2022] |
    Enthält Quellenangaben und Index. | Zusammenfassung „Hunderte von Organisationen in aller Welt profitieren bereits
    von Disciplined Agile Delivery (DAD). Disciplined Agile® (DA) ist das einzige umfassende Instrumentarium, welches
    Anleitung zum Aufbau leistungsstarker agiler Teams und zur Optimierung Ihrer Arbeitsweise (Way of Working, WoW) gibt.
    Als Mischform der führenden agilen, schlanken und herkömmlichen Ansätze liefert DA Hunderte von Strategien, mit
    denen Sie in Ihren agilen Teams bessere Entscheidungen treffen und ein besseres Verhältnis zwischen Selbstorganisation
    und den Gegebenheiten und Schranken Ihres speziellen Unternehmenskontexts schaffen"-- Vom Verlag bereitgestellt.
Kennungen: LCCN 2021062503 (print) | LCCN 2021062504 (ebook) |
    ISBN 9781628257540 (paperback) | ISBN 9781628257557 (ebook)
Themen: LCSH: Agile Softwareentwicklung. | Projektmanagement. | Teams am Arbeitsplatz.
Klassifizierung: LCC QA76.76.D47 A42525 2022 (print) | LCC QA76.76.D47 (ebook) | DDC 005.1/112--dc23
Eintrag in der Library of Congress verfügbar unter https://lccn.loc.gov/2021062503
E-Buch-Eintrag in der Library of Congress verfügbar unter https://lccn.loc.gov/2021062504

ISBN: 978-1-62825-770-0 (deutsche Ausgabe)

Herausgeber: Project Management Institute, Inc.
                  14 Campus Boulevard
                  Newtown Square, Pennsylvania 19073-3299 USA
                  Telefon: +1 610 356 4600
                  Fax: +1 610 356 4647
                  E-Mail: customercare@pmi.org
                  Internet: www.PMI.org

Für Handelsaufträge und Preisangaben ist die Independent Publishers Group zuständig:

        Independent Publishers Group
        Order Department
        814 North Franklin Street
        Chicago, IL 60610 USA
        Telefon: 800 888 4741
        Fax: +1 312 337 5985
        E-Mail: orders@ipgbook.com (nur für Bestellungen)

Vorwort

Alle Modelle sind falsch, aber manche sind nützlich.
- George Box, 1978

Sie sind etwas Besonderes; Sie sind eine schöne und einzigartige Schneeflocke. Ebenso Ihre Familie, Ihr Freundeskreis, Ihr soziales Umfeld, Ihr Team, Ihre Kolleg:innen und Mitarbeiter:innen, Ihr Geschäftsbereich und Ihre Organisation. Keine andere Organisation besitzt dieselbe Zusammenstellung an Individuen, dieselben Verhaltensnormen, dieselben Prozesse, denselben Ist-Zustand, dieselben Hindernisse, dieselben Kunden, dieselbe Marke, dieselben Werte, dieselbe Geschichte, dieselben Bräuche, dieselbe Identität, dasselbe „Hier wird das so gemacht" wie Ihre Organisation.

Das Verhalten Ihrer Organisation ist aufstrebend. Das Ganze ist größer als die Summe seiner Teile, das Ganze besitzt einzigartige Eigenschaften, die die einzelnen Elemente nicht haben. Im Raum zu agieren, verändert den Raum. Einzelne und kollektive Verhaltensweisen verändern sich und organisieren sich selbst in Reaktion auf ein die Änderung anstoßendes Ereignis. Eingriffe sind unumkehrbar, wie wenn man Milch in den Kaffee gießt. Das System ändert sich. Man vergisst nicht, was geschehen ist und wie das Ergebnis aussah. Das System lernt. Beim nächsten Mal wird die Reaktion auf das Änderungsereignis anders ausfallen, die Geschehnisse vom letzten Mal reflektieren und auf Inzentivierung gründen und sich zum Besseren oder Schlechteren wenden. Ihre Zusammenhänge sind nicht nur einmalig, sondern ändern sich dauernd und verändern, wie sie sich ändern.

Angesichts dieser Einzigartigkeit, aufstrebenden Haltung und Anpassung ist es unmöglich, eine Reihe von Praktiken vorzulegen, die in jedem Kontext Ergebnisse optimieren werden. Eine Reihe von Praktiken kann vielleicht zu einem bestimmten Zeitpunkt die Ergebnisse in einem Kontext verbessern. Im Lauf der Zeit wird er wegen der Änderungen, die das System aufgrund neuer Hindernisse und Mittel durchläuft, nicht mehr optimal sein. Es gibt keine passende Einheitsgröße. Es gibt kein Wundermittel, das alle Beschwerden heilt. In Ihrer Organisation gibt es zig, Hunderte oder Tausende von Zusammenhängen innerhalb von Zusammenhängen, und jeder davon ist einzigartig. Die Anwendung einer Einheitsformel auf viele verschiedene Zusammenhänge kann manchmal ein Boot aus dem Wasser hieven, in anderen Fällen aber zum Untergang führen und viele weitere Boote daran hindern, an die Oberfläche zu kommen.

Nicht nur das Wesen der Praktiken, sondern auch die Form ihrer Übernahme ist wichtig. Für eine dauerhafte Verbesserung und die Anwendung einer agilen Denkweise auf Agilität muss die Kontrolle von innen kommen. Leute brauchen Autonomie und Befähigung innerhalb von Leitplanken, die ihnen das Experimentieren und die Optimierung der gewünschten Ergebnisse gestatten. Man braucht einen hohen Grad an Übereinstimmung und Autonomie. Keine entmachtenden Befehle von oben nach unten, die Kontrolle von außen bedeuten. Befehle von oben führen dazu, dass Leute keine Verantwortung für die Geschehnisse übernehmen und wissentlich Schaden anrichten; dieses Verhalten nennt man einen agentischen Zustand.

Wählen Sie Ihren WoW!

Disciplined Agile® (DA™) ist darauf ausgelegt, diesen Realitäten, den Eigenschaften Einzigartigkeit, Aufstreben und Anpassung Rechnung zu tragen. Disciplined Agile stellt die Leitplanken auf, gibt Anleitung und sorgt für Unternehmensbewusstsein. In dieser Hinsicht ist DA einzigartig. Es liefert ein gemeinsames Vokabular, die kleinsten funktionsfähigen Leitplanken, die wiederum für Befähigung und Autonomie der Teams und Teams aus Teams sorgen, damit sie auf eine für sie geeignete Weise und mit interner Kontrolle ihre Ergebnisse verbessern können. Nicht alle sollten zum Beispiel einem vorgegebenen, synchronisierten, iterationsbasierten Ansatz folgen. Nach meiner Erfahrung sind in großen Organisationen mit mehr als einem Kontext synchronisierte Iterationen für einen einzigen Kontext geeignet (z. B. viele Teams arbeiten mit einem geringen Niveau an Können und mit unverändert vorhandenen und starken Abhängigkeiten an einem einzigen Produkt) und für die anderen 99 nicht. Das ist nicht die Anwendung einer agilen Denkweise auf Agilität. Manchen Geschäftsbereichen geht es besser, wenn sie von Anfang an einen Kanban-Ansatz verfolgen. Dies gilt insbesondere in pathologischen Kulturen, in denen die Nachrichtenüberbringer getötet werden. Evolution mehr als Revolution hat eine Chance auf Fortschritt. Revolution wird kämpfen; wenn psychologische Sicherheit fehlt, sind die Antikörper stark. Manche Geschäftsbereiche, in denen seit mehr als 20 Jahren und mit psychologischer Sicherheit auf diese Weise in Agilitätsinseln gearbeitet wird, entscheiden sich eventuell für einen mehr revolutionär geprägten Ansatz, weil der Boden fruchtbarer ist, die Leute williger sind und gescheiterte Versuche positiv gewertet werden.

Disciplined Agile ermöglicht einen heterogenen, nicht homogenen, Ansatz über vielfältige und komplexe Organisationen hinweg. Dazu gehören die Prinzipien „Auswahl ist gut", „Kontext zählt" und „Unternehmensbewusstsein". DA ermöglicht die Disziplin, die Organisationen brauchen, ohne die Quadratur des Kreises zu erzwingen. Das Regelwerk liefert ein gemeinsames Vokabular und zusammen mit den Prozesszielen bietet es Optionen, die Sie in Ihrem besonderen Kontext mit unterschiedlichen Könnensstufen in Betracht ziehen können. Dadurch werden Leute zum Nachdenken gezwungen, statt Befehlen zu folgen, sie müssen Verantwortung übernehmen und experimentieren, um bestimmte Ergebnisse zu erreichen, statt Agil um des Agilen willen zu verfolgen. Das ist schwieriger, als einem Rezept oder einem *Diktat* zu folgen. Es erfordert dienende Führung und Coaching, genauso, wie man Autofahren, Skilaufen, ein Instrument spielen oder das Spiel in einem Orchester oder Mannschaftssport lernt. Weil es keine passende Einheitsgröße gibt, weil es kein Rezept gibt (es ist zum Beispiel ein Trugschluss, „das Spotify-Modell", das selbst Spotify® nicht als das Spotify-Modell bezeichnet, im ganzen Unternehmen zu kopieren), führt dieser kontextempfindliche Ansatz, der Aufforderungen über Befehle stellt, zu besseren Ergebnissen und hält vermutlich länger, weil er von innen heraus kommt, weil die Kontrolle intern erfolgt und der Ansatz dem Team gehört. Man kann niemand anderen verantwortlich machen und niemand hält das Gummiband künstlich gespannt. DA beginnt damit, den Muskel der kontinuierlichen Verbesserung aufzubauen.

Innerhalb von Disciplined Agile können Teams Scrum, ein auf Scrum skaliertes Muster wie LeSS, SAFe®, Nexus® oder Scrum at Scale übernehmen, wenn sie das wollen; oder aber sie können einen evolutionären, auf Abholung basierten Ansatz mit begrenzter laufender Arbeit verfolgen, der darauf ausgerichtet ist, die Ergebnisse in ihrem einmaligen Kontext zu verbessern: #AlleRegelwerke, nicht #KeinRegelwerk oder #EinRegelwerk. Organisationsübergreifend liefert DA die kleinste machbare Gemeinsamkeit sowie Anleitung, die mit Ausnahme der allereinfachsten Firmen für alles gebraucht werden.

Disciplined Agile setzt man ein, um kontextempfindliche, heterogene Agilitätsansätze zu ermöglichen, was Ergebnisse organisationsweit maximieren wird. Wie bei allem sollten Sie DA als Ausgangspunkt, nicht als Ziel betrachten. Setzen Sie Ihre Prüfungen und Anpassungen fort, während Ihr organisationsweites Können wächst. Dieses Buch ist ein unverzichtbarer Leitfaden für alle, die Arbeitsweisen in heterogenen Organisationen optimieren wollen.

Jonathan Smart @jonsmart
Enterprise Agility Lead, Deloitte
Ehemaliger Leiter von Ways of Working, Barclays

Einleitung

Softwareentwicklung ist unglaublich einfach, und wenn wir so frei sein dürfen, höchstwahrscheinlich das simpelste Vorhaben in modernen Organisationen. Sie verlangt so gut wie kein technisches Können, wenig bis gar keine Zusammenarbeit unter den Entwicklern und ist so simpel und monoton, dass jeder Software bauen kann, der einem einfachen, wiederholbaren Prozess folgt. Die Handvoll von Softwareentwicklungsverfahren wurden vor Jahrzehnten eingeführt und vereinbart, sind leicht in wenigen Tagen zu erlernen und unter allen Softwarepraktizierenden sowohl akzeptiert als auch allgemein bekannt. Unsere Stakeholder können ihre Bedürfnisse früh im Lebenszyklus klar kommunizieren, sind jederzeit verfügbar und bereit, mit uns zu arbeiten, und ändern niemals ihre Meinung. Die bereits früher entwickelte Software und Datenquellen sind von hoher Qualität, leicht zu verstehen und weiterzuentwickeln und werden von Serien voll automatisierter Regressionstests und hochwertiger Dokumentation begleitet. Softwareentwicklungsteams haben stets vollständige Kontrolle über ihr Handeln und werden von wirksamer Führung und Aufsicht, Beschaffungs- und Finanzierungspraktiken des Unternehmens unterstützt, die unsere Gegebenheiten reflektieren und ermöglichen. Und natürlich ist es einfach, fähige Softwareentwickler einzustellen und an die Firma zu binden.

Leider entspricht nur sehr wenig oder gar nichts im vorhergehenden Absatz auch nur im entferntesten der Situation, in der sich Ihre Organisation heute befindet. Softwareentwicklung ist komplex, die Umgebungen, in denen Softwareentwickler arbeiten, sind komplex, die Technologien, mit denen wir arbeiten, sind komplex und ändern sich ständig, und die Probleme, die wir lösen sollen, sind komplex und entwickeln sich weiter. Es ist an der Zeit, diese Komplexität anzunehmen, unsere Situation zu akzeptieren und sie frontal anzugehen.

Warum Sie dieses Buch lesen müssen

Eines der agilen Prinzipien lautet, dass ein Team regelmäßig nachdenken und sich bemühen sollte, seine Strategie zu verbessern. Eine Möglichkeit hierfür ist das Gedankenspiel Segelschiff-Retrospektive. Wir fragen, welche Anker uns zurückhalten, auf welche Felsen oder Stürme wir achten müssen und welcher Wind in unseren Segeln uns zum Erfolg bringen wird. Spielen wir also dieses Spiel für den gegenwärtigen Zustand der agilen Produktentwicklung im Kontext einer Person, vermutlich Sie, die ihrem Team bei der Auswahl und Weiterentwicklung seiner Arbeitsweise (Way of Working, WoW) helfen will.

Erstens: Hier sehen Sie einige Faktoren, die uns möglicherweise zurückhalten:

1. **Produktentwicklung ist komplex.** Als Fachleute werden wir gut bezahlt, weil unsere Tätigkeit komplex ist. Unser WoW muss berücksichtigen, wie Anforderungen, Architektur, Tests, Design, Programmieren, Management, Einsatz, Führung und Aufsicht und viele andere Aspekte der Software-/Produktentwicklung auf vielerlei Arten angegangen werden sollen. Und es muss beschreiben, wie dies im gesamten Lebenszyklus von Anfang bis Ende zu bewerkstelligen ist, und die besondere Situation unseres Teams berücksichtigen. In vieler Hinsicht spiegelt dieses Buch die Komplexitäten wider, mit denen Softwareentwickler konfrontiert sind, und bietet ein flexibles, kontextempfindliches Instrumentarium für den Umgang damit.

2. **Agil-industrieller Komplex (AIC).** Martin Fowler prägte in einer Keynote-Ansprache zu einem Kongress in Melbourne im August 2018 den Begriff „agil-industrieller Komplex" [Fowler]. Er argumentierte, dass wir uns jetzt in der Ära des AIC befänden: Regelwerke mit Vorschriftcharakter werden routinemäßig Teams und der gesamten Organisation aufgezwungen, vermutlich, weil man damit dem Management ein Mindestmaß an Kontrolle über dieses verrückte agile Zeug geben will. In solchen Umgebungen wird jetzt ein Satz Prozesse, die vom gewählten Regelwerk definiert wurden, „eingesetzt" – ob das für Ihr Team sinnvoll ist oder nicht. Wir setzen das ein, und es wird Ihnen gefallen, Sie werden Verantwortung dafür übernehmen – aber denken Sie nicht einmal im Traum an mögliche Änderungen oder Verbesserungen, weil das Management hofft, „die Veränderlichkeit der Teamprozesse einzugrenzen". Um es mit Cynefin zu sagen: Ein komplexes Problem lässt sich nicht mit einer einfachen Lösung lösen [Cynefin].

3. **Das Wachstum von Agil übertraf den Vorrat an erfahrenen Coaches bei Weitem.** Obwohl es ein paar sehr gute agile Coaches gibt, ist ihre Zahl leider zu gering, um der Nachfrage gerecht zu werden. Effektive Coaches besitzen hohe soziale Kompetenz und jahrelange Erfahrung mit ihrem Coaching-Thema – nicht nur ein paar Schulungstage. In vielen Organisationen sehen wir Coaches, die praktisch im Job lernen – vergleichbar mit Professoren, die im Lehrbuch gerade einmal ein Kapitel weiter sind als ihre Studenten. Sie können die einfachen Probleme beantworten, haben aber Schwierigkeiten mit allem, was zu weit darüber hinausgeht, mit dem, was die ihnen auferlegten AIC-Prozesse ansprechen.

Man muss auch auf verschiedene Hindernisse achten, damit wir nicht auf Grund laufen:

- **Leere Versprechungen.** Sie haben vielleicht die Behauptung agiler Coaches gehört, dass mit der Übernahme von Agil die Produktivität um das 10-Fache gesteigert werden könne, aber noch keine Kennzahlen gesehen, die diese Behauptungen untermauern würden. Oder Sie haben vielleicht ein Buch gelesen, das im Titel verspricht, dass Sie mit Scrum doppelt so viel Arbeit in der Hälfte der Zeit erledigen können [Sutherland]? In Wirklichkeit aber stellen Organisationen im Durchschnitt Verbesserungen von 7-12 % in kleinen Teams fest und 3-5 % Verbesserung in Teams, die in großen Größenordnungen arbeiten [Reifer].

- **Mehr Silberkugeln.** Wie tötet man einen Werwolf? Mit einem einzigen Schuss mit einer Silberkugel. Mitte der 1980er Jahre lehrte uns Fred Brooks, dass keine einzige Änderung in der Softwareentwicklung, kein Erwerb von Technik, keine Prozessübernahme und keine Installation von Werkzeugen zu einer Produktivitätsverbesserung in der erhofften Größenordnung verhelfen würde [Brooks]. Mit anderen Worten: Ungeachtet der Versprechungen von Methoden, nach denen Sie in 2 Schulungstagen zum „Certified Master" und in 4 Schulungstagen zum Programmberater werden, oder was Ihnen sonst alles versprochen wird, gibt es keine Silberkugel für die Softwareentwicklung. Was Sie brauchen, sind fähige, kenntnisreiche und hoffentlich erfahrene Leute, die effektiv zusammenarbeiten.

- **Prozesspopulismus.** Wir begegnen oft Organisationen, in denen die Entscheidungsfindung der Führungskräfte im Zusammenhang mit Softwareprozessen auf „Eine Analysefirma der Branche fragen, was gerade beliebt ist", oder „Was übernimmt die Konkurrenz?" hinausläuft, statt das zu tun, was für die spezifischen Gegebenheiten am besten geeignet ist. Prozesspopulismus wird von falschen Versprechungen und der Hoffnung der Führungskräfte genährt, dass sie die Silberkugel für die beträchtlichen Herausforderungen im Zusammenhang mit der Verbesserung der Prozesse in ihrer Organisation finden. Die meisten agilen Methoden und Regelwerke besitzen Vorschriftcharakter – unabhängig davon, was ihr Marketing behauptet. Wenn Sie eine Handvoll von den Tausenden von Verfahren ohne ausdrückliche Optionen zu ihrer Anpassung bekommen, dann ist das äußerst präskriptiv. Wir sehen ein, dass viele Leute einfach gesagt bekommen wollen, was sie zu tun haben. Diese Methoden/Regelwerke sind aber nur dann hilfreich, wenn sie das eigentliche Problem auch wirklich angehen.

Zum Glück gibt es verschiedene Faktoren, die als „Wind in unseren Segeln" gelten und Sie überzeugen werden, dieses Buch zu lesen.

- **Es berücksichtigt Ihre Einzigartigkeit.** Dieses Buch erkennt an, dass Ihr Team einzigartig ist und mit einer einzigartigen Situation konfrontiert ist. Keine leeren Versprechungen zu einem Prozess in „Einheitsgröße" mehr, dessen Übernahme beträchtliche und riskante Störungen mit sich bringt.
- **Es berücksichtigt die Komplexität, mit der Sie konfrontiert sind.** Disciplined Agile® (DA™) hält den naturgegebenen Komplexitäten, mit denen Sie konfrontiert sind, praktisch einen Spiegel vor und zeigt eine verständliche Darstellung, die Ihnen auf dem Weg zur Prozessverbesserung helfen kann. Keine grob vereinfachten Silberkugelmethoden oder Prozessregelwerke mehr, die die zahllosen Herausforderungen Ihrer Organisation vertuschen, weil sie nicht so gut zum Zertifizierungslehrgang passen, den man Ihnen verkaufen will.
- **Es stellt ausdrückliche Auswahlmöglichkeiten vor.** Dieses Buch gibt Ihnen das nötige Werkzeug für bessere Prozessentscheidungen an die Hand, die wiederum zu besseren Ergebnissen führen. Kurzum, es ermöglicht Ihrem Team, selbst für seinen Prozess Verantwortung zu übernehmen und die Arbeitsweise (Way of Working, WoW) zu wählen, die die allgemeine Richtung Ihrer Organisation reflektiert. Dieses Buch präsentiert eine bewährte Strategie für die kontinuierliche Verbesserung unter Anleitung (Guided continuous improvement, GCI), eine teambasierte Strategie zur Prozessverbesserung, statt der naiven Übernahme eines „populistischen Prozesses".
- **Es erteilt agnostischen Rat.** Dieses Buch ist nicht auf die Ratschläge eines einzelnen Regelwerks oder einer einzigen Methode begrenzt oder auf Agil und Lean beschränkt. Unsere Philosophie besteht darin, dass wir unabhängig von ihren Quellen nach großartigen Ideen suchen und anerkennen, dass es die besten (oder schlechtesten) Praktiken nicht gibt. Wenn wir ein neues Verfahren erlernen, wollen wir verstehen, worin seine Stärken und Schwächen liegen und in welchen Situationen es (nicht) angewendet werden sollte.

In unseren Lehrgängen bekommen wir oft Kommentare zu hören wie: „Ich wünschte, ich hätte das schon vor 5 Jahren gewusst", „Ich wünschte, meine Scrum-Coaches wüssten das jetzt", oder „Vor diesem Lehrgang dachte ich, dass ich alles über agile Entwicklung weiß, aber da habe ich mich mächtig getäuscht." Wir vermuten, dass es Ihnen mit diesem Buch genauso gehen wird.

Aufteilung dieses Buchs

Das Buch ist in sieben Kapitel gegliedert:

- **Kapitel 1: Wählen Sie Ihren WoW!** Ein Überblick über das Instrumentarium Disciplined Agile (DA).
- **Kapitel 2: Diszipliniertes Verhalten.** Die Werte, Prinzipien und Philosophien für disziplinierte Agilisten.
- **Kapitel 3: Disciplined Agile Delivery im Überblick.** Ein Überblick über Disciplined Agile Delivery (DAD), das Element der Lösungslieferung im DA-Instrumentarium.
- **Kapitel 4: Rollen, Rechte und Pflichten.** Eine Erörterung der einzelnen Personen und Interaktionen.
- **Kapitel 5: Die Prozessziele.** Wie man sich auf Prozessergebnisse konzentriert, statt sich an verordnete Prozesse anzupassen, damit Ihr Team einen zweckdienlichen Ansatz hat.
- **Kapitel 6: Die Wahl des richtigen Lebenszyklus.** Wie Teams jeweils auf ihre besondere Weise arbeiten und dennoch einheitlich geführt und beaufsichtigt werden können.
- **Kapitel 7: Disziplinierter Erfolg.** Wie es weiter geht.

Und natürlich gibt es noch weiterführende Informationen, wie Literaturhinweise, eine Liste der Abkürzungen und ein Register.

Für wen das Buch gedacht ist

Dieses Buch ist für Leute, die die Arbeitsweise (Way of Working, WoW) ihres Teams optimieren wollen. Es ist für Leute, die bereit sind, über die „agile Schublade" hinauszuschauen und mit neuen WoWs zu experimentieren – unabhängig von ihrer agilen Unverfälschtheit. Es ist für Leute, die merken, dass Kontext zählt, dass jeder in einer einmaligen Situation steckt und auf seine eigene, einmalige Weise arbeiten wird und dass ein Prozess allein nicht für alle geeignet ist. Es ist für Leute, die feststellen, dass sie sich zwar in einer einzigartigen Situation befinden, andere aber bereits ähnliche Situationen erlebt und verschiedene Strategien erarbeitet haben, die man übernehmen und anpassen kann. Sie können die Prozesserfahrungen, die andere gemacht haben, wiederverwenden und damit Ihre Energien in die Erzeugung von entscheidendem geschäftlichem Wert für Ihre Organisation investieren.

Mit diesem Buch wollen wir einen Überblick über DA geben und uns insbesondere mit dem DAD-Aspekt befassen.

Danksagung

Wir möchten den folgenden Personen für ihre Beiträge und wertvolle Arbeit danken, mit denen sie uns beim Schreiben dieses Buchs geholfen haben. Ohne Sie hätten wir das nicht geschafft.

Beverley Ambler
Joshua Barnes
Klaus Boedker
Kiron Bondale
Tom Boulet
Paul Carvalho
Chris Celsie
Daniel Gagnon
Drennan Govender
Bjorn Gustafsson
Michelle Harrison
Michael Kogan
Katherine Lines
Louise Lines
Glen Little
Lana Miles
Valentin Tudor Mocanu

Maciej Mordaka
Charlie Mott
Jerry Nicholas
Edson Portilho
Simon Powers
Aldo Rall
Frank Schophuizen
Al Shalloway
David Shapiro
Paul Sims
Kim Shinners
Jonathan Smart
Roly Stimson
Jim Trott
Klaas van Gend
Abhishek Vernal
Jaco Viljoen

Inhalt

Für die beste Disciplined Agile Lernerfahrung empfehlen wir,
den DA Browser zu verwenden, während Sie dieses Buch lesen:
www.pmi.org/disciplined-agile/da-browser

Kapitel 1

Die Wahl des eigenen WoW

Hochmut kommt vor dem Fall, deshalb sollte man wissen,
wann man sich von seinen Mitmenschen helfen und
anleiten lassen sollte. - Bear Grylls

Die wichtigsten Punkte in diesem Kapitel

- Disciplined Agile Delivery (DAD) Teams besitzen die Autonomie, ihre Arbeitsweise (Way of Working – WoW) zu wählen.
- Man muss sowohl „agil sein" als auch wissen, wie man „agil arbeitet".
- Softwareentwicklung ist kompliziert; dazu gibt es keine einfache Antwort.
- Disciplined Agile® (DA™) bildet das Gerüst – ein Toolkit oder Instrumentarium mit agnostischen Ratschlägen – zur Wahl des WoW™.
- Andere waren mit ähnlichen Herausforderungen konfrontiert wie Sie und haben sie gemeistert. Mithilfe von DA können Sie diese Erfahrungen nutzen.
- Sie können dieses Buch als Leitfaden dafür einsetzen, wie Sie Ihren WoW zunächst wählen und dann im Lauf der Zeit weiterentwickeln.
- Das eigentliche Ziel ist die wirksame Umsetzung der erwünschten Ergebnisse einer Organisation, nicht das Agilsein oder das agile Arbeiten.
- Bessere Entscheidungen führen zu besseren Ergebnissen.

Wir begrüßen Sie zu *Wählen Sie Ihren WoW!*, dem Buch darüber, wie agile Softwareentwicklungsteams oder, genauer gesagt, agile/schlanke (lean) Lösungslieferteams ihre Arbeitsweise – ihren WoW oder *Way of Working* – wählen können. Dieses Kapitel beschreibt einige grundlegende Konzepte, warum die Wahl des eigenen WoW wichtig ist, zeigt grundlegende Auswahlstrategien auf und erläutert, wie Ihnen dieses Buch zu einer sinnvollen Auswahl verhelfen kann.

Warum sollten Teams ihren WoW selbst wählen?

Agilen Teams wird meist gesagt, dass sie für ihren Prozess verantwortlich sind und ihren WoW selbst wählen sollen. Dieser Rat ist aus mehreren Gründen sinnvoll:

- **Kontext zählt.** Die Arbeitsweisen von Menschen und Teams hängen vom Kontext ihrer jeweiligen Situation ab. Jede Person ist einmalig, jedes Team ist einmalig und jedes Team befindet sich in einer einmaligen Situation. Ein fünfköpfiges Team arbeitet anders als ein Team mit 20 oder mit 50 Mitgliedern. Ein Team in einer überlebenskritischen Situation arbeitet anders als ein Team in einer nicht regulierten Situation. Unser Team arbeitet anders als Ihr Team, weil wir andere Menschen mit unseren eigenen einmaligen Kenntnissen, Vorlieben und Erfahrungen sind.
- **Auswahl ist gut.** Ein effektives Team muss die Praktiken und Strategien wählen können, die zum Umgang mit seiner jeweiligen Situation nötig sind. Das bedeutet, dass das Team seine Auswahlmöglichkeiten kennen und wissen muss, welche Vor- und Nachteile sie jeweils mit sich bringen und wann man sie anwenden soll (und wann nicht). Mit anderen Worten: Teams brauchen entweder einen soliden Hintergrund im Softwareprozess, den nur wenige Leute besitzen, oder eine gute Anleitung, die sie bei diesen prozessbezogenen Entscheidungen unterstützt. Dieses Buch ist zum Glück eine sehr gute Anleitung.
- **Wir sollten den Arbeitsfluss optimieren.** Wir wollen effektive Arbeitsweisen und idealerweise unsere Kunden oder Stakeholder dadurch begeistern. Dazu müssen wir den Arbeitsfluss in unserem Team und in unserer Zusammenarbeit mit anderen Teams in der gesamten Organisation optimieren.
- **Wir wollen beeindrucken.** Wer will denn nicht mit seiner Leistung beeindrucken? Wer will denn nicht in einem fantastischen Team oder für eine fantastische Organisation arbeiten? Ein wichtiges Element für das Erzeugen eines guten Eindrucks besteht darin, dass man Teams die eigenständige Entscheidung für ihren WoW ermöglicht und ihnen das regelmäßige Experimentieren zur Identifizierung noch besserer Arbeitsweisen gestattet.

Kurzum, wir glauben, dass es an der Zeit ist, agil wieder zu dem zu machen, was es sein soll. Martin Fowler prägte unlängst den Begriff „agiler Industriekomplex" für die Feststellung, dass viele Teams einer „pseudo-agilen" Strategie folgen, die man als „nur dem Namen nach agil" bezeichnen könnte (AINO für „agil in name only"). Das resultiert oft daraus, dass Organisationen ein Regelwerk mit Vorschriftcharakter wie das Scaled Agile Framework (SAFe®) [SAFe] übernehmen und ihren Teams unabhängig davon aufzwingen, ob es auch wirklich sinnvoll ist (und das ist selten der Fall), oder ihren Teams die Standardanwendung der Organisation für Scrum vorschreiben [ScrumGuide; SchwaberBeedle]. Echtes Agil ist dabei sehr klar: Einzelpersonen und Interaktionen sind wichtiger als Prozesse und Werkzeuge – Teams sollten ihren WoW wählen und weiterentwickeln dürfen und idealerweise dabei unterstützt werden.

Man muss „agil sein" *und* wissen, wie man „agil arbeitet"

Scotts Tochter Olivia ist 11 Jahre alt. Sie und ihr Freundeskreis gehören zu den agilsten Menschen, die wir je getroffen haben. Sie sind höflich (so, wie es Elfjährige eben sind), aufgeschlossen, kooperativ, lernbegierig und experimentieren ständig. Sie nehmen offensichtlich eine agile Denkweise an. Wenn wir sie aber mit der Entwicklung von Software beauftragen würden, wäre das eine Katastrophe. Warum? Weil ihnen die Kenntnisse dafür fehlen. Genauso wenig könnten wir sie bitten, einen millionenschweren Vertrag auszuhandeln, eine Marketingstrategie für ein neues Produkt zu entwickeln, einen Wertstrom für 4000 Personen zu entwerfen usw. Sie könnten sich diese Kenntnisse im Lauf der Zeit aneignen, aber jetzt wissen sie einfach nicht, was sie tun, auch wenn sie sehr agil sind. Wir haben auch Teams aus lauter Millennials gesehen, die von Natur aus gut zusammenarbeiten und die Kenntnisse besitzen, um ihre Arbeit zu machen – allerdings verfügen sie vielleicht noch nicht über die ausreichende Erfahrung, die man für das Verständnis der Folgen braucht, die ihre Arbeit für das Unternehmen hat. Und natürlich haben wir Teams gesehen, deren Mitglieder über jahrzehntelange Erfahrung verfügen, aber nicht an das gemeinschaftliche Arbeiten gewohnt sind. Keine von diesen Situationen ist ideal. Damit wollen wir sagen, dass man unbedingt eine agile Denkweise haben muss, wenn man „agil sein" möchte, aber man braucht auch die notwendigen Kenntnisse, um „agil zu arbeiten", und die Erfahrung, um „agil auf Unternehmensebene" umzusetzen. Ein wichtiger Aspekt dieses Buchs besteht in der umfassenden Erörterung der potenziellen Fähigkeiten, die agile bzw. schlanke Teams für ihren Erfolg brauchen.

Das wahre Ziel ist die wirksame Umsetzung der erwünschten Ergebnisse einer Organisation, nicht das Agilsein oder das agile Arbeiten. Was nützt es schon, agil zu arbeiten, wenn Sie damit das falsche Produkt erzeugen oder etwas produzieren, was Sie bereits haben, oder wenn Sie etwas hervorbringen, was nicht zur allgemeinen Richtung Ihrer Organisation passt? Unser wahrer Fokus muss auf dem Erreichen der Ergebnisse liegen, die unserer Organisation Erfolg bescheren. Und wenn wir in unserem WoW effektiver werden, können wir genau das erreichen.

Akzeptieren Sie, dass es keine einfache Antwort gibt.

Was wir als Fachleute tun, ist schwierig, denn sonst wären unsere Jobs bereits der Automatisierung zum Opfer gefallen. Sie und Ihr Team arbeiten im Kontext Ihrer Organisation mit einer Ansammlung sich ständig weiterentwickelnder Technologien für eine breite Vielfalt geschäftlicher Anforderungen. Und Sie arbeiten mit Menschen mit unterschiedlichem Hintergrund, unterschiedlichen Vorlieben, Erfahrungen und Karrierevorstellungen. Möglicherweise berichten sie an eine andere Gruppe oder sogar eine andere Organisation als Sie.

Wir glauben, dass man diese Komplexität begrüßen muss, weil man nur so wirksam arbeiten und im Idealfall Eindruck machen kann. Wenn wir wichtige Aspekte unseres WoW herunterspielen oder sogar ignorieren, beispielsweise im Kontext von Architektur, dann machen wir in diesem Bereich oft folgenschwere Fehler. Wenn wir Aspekte unseres WoW herabwürdigen, wie etwa Führung und Aufsicht, weil wir
früher einmal schlechte Erfahrungen mit einer etwas weniger agilen Führung und Aufsicht gemacht haben, dann laufen wir Gefahr, dass Leute außerhalb unseres Teams Verantwortung für diesen Aspekt übernehmen und uns ihre nicht-agilen Praktiken auferlegen. Und so sind sie unserer Agilität nicht förderlich, sondern erweisen sich als Hindernisse.

Wir können von den Erfahrungen unseres Umfelds profitieren

Teams machen häufig den Fehler zu glauben, dass sie ihren WoW von Grund auf neu erfinden müssen, nur weil sie sich in einer besonderen Situation befinden. Doch das ist ein gewaltiger Irrtum. Entwerfen Sie eine neue Sprache, einen neuen Compiler, neue Code-Bibliotheken usw. von Grund auf, wenn Sie die Entwicklung einer neuen Anwendung angehen? Nein, natürlich nicht. Sie übernehmen das, was es bereits gibt, kombinieren das Vorhandene auf einmalige Weise und wandeln das Ganze nach Bedarf ab. Entwicklungsteams nutzen unabhängig von der Technologie bewährte Regelwerke und Bibliotheken zur Verbesserung von Produktivität und Qualität. Bei Prozessen sollte das nicht anders sein. Wie Sie in diesem Buch sehen werden, gibt es Hunderte, wenn nicht gar Tausende, von Praktiken und Strategien, die von vielen Tausend Teams vor Ihnen in der Praxis erprobt wurden. Sie müssen nicht bei Null anfangen, sondern können Ihren WoW durch Kombination bestehender Praktiken und Strategien ausarbeiten und dann speziell auf Ihre Situation abwandeln. DA bietet Ihnen ein Instrumentarium, das Sie auf schlanke und zugängliche Weise durch diesen Prozess führt. Zu unserem ersten Buch über DAD [AmblerLines2012] wurde uns gesagt, dass Praktizierende trotz der dort vorgestellten äußerst umfangreichen Sammlung an Strategien und Praktiken manchmal Schwierigkeiten mit dem Nachschlagen und der Anwendung der Strategien hätten. Ein Ziel dieses Buchs ist es, DAD zugänglicher zu machen, damit Sie leicht finden können, was Sie zur individuellen Ausgestaltung Ihres WoW brauchen.

Sie werden über das ganze Buch verteilt eine Menge Verweise und Literaturhinweise finden. Das hat drei Gründe: Erstens: Ehre, wem Ehre gebührt. Zweitens wollen wir Ihnen zeigen, wo Sie die Thematik vertiefen können. Drittens möchten wir uns damit auf die Zusammenfassung verschiedener Ideen konzentrieren und sie in einen Kontext setzen, ohne dass wir jede einzelne bis ins Detail erklären müssen. Unsere Verweise sind folgendermaßen aufgebaut: [SinnvolleBezeichnung], wenn es einen entsprechenden Eintrag in den Literaturhinweisen am Ende des Buchs gibt.

DA-Wissen macht Sie zu einem weitaus wertvolleren Teammitglied

Wir haben von vielen Organisationen, die nach DA arbeiten – und uns gestatten, sie zu zitieren – gehört, dass Teammitglieder, die in die Aneignung von DA investiert haben (und das anhand anspruchsvoller Zertifizierungen nachweisen), zu wertvolleren Mitarbeiter:innen werden. Der Grund ist für uns offensichtlich. Wenn Teams eine größere Sammlung bewährter Strategien verstehen, bedeutet das, dass sie bessere Entscheidungen treffen und seltener „schnell scheitern", sondern vielmehr „früher lernen und Erfolg haben". Fehlende Kenntnis der verfügbaren Optionen ist häufig die Ursache dafür, dass Teams Schwierigkeiten bei der Erfüllung ihrer agilen Erwartungen haben – und genau das passiert, wenn man Methoden/Regelwerke mit Vorschriftcharakter übernimmt, die keine Wahlmöglichkeiten zulassen. Von jedem Teammitglied, insbesondere Berater:innen, wird erwartet, dass sie ein Instrumentarium voller Ideen zur individuellen Gestaltung des Teamprozesses im Rahmen der Selbstorganisation mitbringen. Ein größeres Instrumentarium und allgemein verstandene Terminologie sind von Vorteil.

Das Instrumentarium für Disciplined Agile (DA) bietet eine leicht zugängliche Anleitung

Im Lauf der Zeit haben wir gelernt, dass manche Leute zwar die Konzepte von DA verstehen, weil sie Bücher dazu lesen oder einen Workshop besuchen, aber Schwierigkeiten mit der Anwendung von DA haben. DA ist ein äußerst umfangreicher Wissensschatz, der auf nachvollziehbare Weise präsentiert wird.

Das Gute an diesem Buch ist, dass der Inhalt nach Zielen gegliedert ist, sodass Sie mithilfe des zielgetriebenen Ansatzes die Anleitung leicht finden können, die Sie für Ihre jeweilige Situation brauchen. Sie können dieses Instrumentarium in Ihrer täglichen Arbeit wie folgt anwenden und Ihre gewünschten Ergebnisse effektiver verwirklichen:

- Prozessverweis nach Kontext
- Kontinuierliche Verbesserung unter Anleitung (Guided continuous improvement, GCI)
- Workshops zur Prozessanpassung
- Erweiterte Retrospektiven
- Erweitertes Coaching

Prozessverweis nach Kontext

Wie wir oben erwähnt haben, soll dieses Buch als Nachschlagewerk dienen. Halten Sie dieses Buch griffbereit, damit Sie verfügbare Strategien schnell nachschlagen können, wenn Sie vor besonderen Herausforderungen stehen. Dieses Buch gibt Ihnen Auswahlmöglichkeiten für Prozesse, und vor allem stellt es diese Auswahlmöglichkeiten in einen Zusammenhang. DA bietet dafür drei Aufbauebenen:

6 Wählen Sie Ihren WoW!

1. **Lebenszyklen.** Auf der übergeordneten Ebene der WoW-Anleitung befinden sich Lebenszyklen, eine Art DAD-Methodik. DAD unterstützt sechs verschiedene Lebenszyklen, die in Abbildung 1.1 gezeigt sind und Teams die Flexibilität geben, den für sie sinnvollsten Ansatz zu wählen. Kapitel 6 widmet sich den Lebenszyklen und ihrer Auswahl in größerer Ausführlichkeit. Dort wird außerdem gezeigt, wie man Teams auch dann einheitlich führen kann, wenn sie unterschiedliche Arbeitsweisen einsetzen.

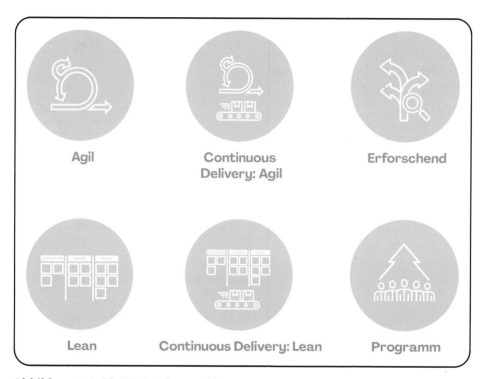

Abbildung 1.1 Die DAD-Lebenszyklen.

2. **Prozessziele.** Abbildung 1.2 zeigt das Zieldiagramm für das Prozessziel „Qualitätsverbesserung" und Abbildung 1.3 stellt Zieldiagramme im Überblick dar. DAD wird als Sammlung von 24 Prozesszielen oder Prozessergebnissen bezeichnet. Jedes Ziel wird als Sammlung von Entscheidungspunkten beschrieben – Angelegenheiten, die eventuell eine Behandlung durch das Team erfordern, und falls ja, wie das Team dabei vorgehen wird. Potenzielle Praktiken/ Strategien zum Umgang mit einem Entscheidungspunkt, die in vielen Fällen kombiniert werden können, sind in Form von Listen dargestellt. Zieldiagramme ähneln vom Konzept her Mindmaps, allerdings bedeutet die Länge des Pfeils in manchen Fällen die relative Wirksamkeit der Optionen. Zieldiagramme sind somit unkomplizierte Anleitungen, die Teams bei der Auswahl der besten Strategien helfen, die sie angesichts ihrer Fähigkeiten, Kultur und Situation aktuell ausführen können. Kapitel 5 untersucht den zielgetriebenen Ansatz in größerer Ausführlichkeit.

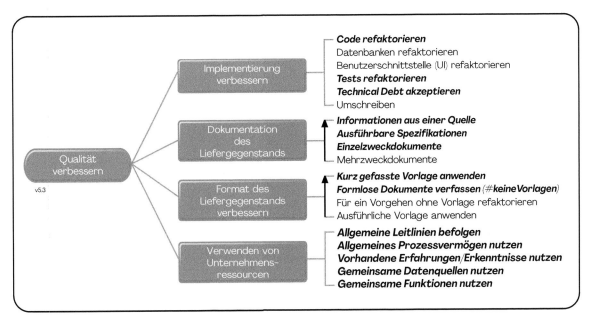

Abbildung 1.2 Das Prozessziel Qualitätsverbesserung.

3. **Praktiken/Strategien.** Auf der detailliertesten Ebene der WoW-Anleitung liegen die Praktiken und Strategien, die in den Listen rechts auf den Zieldiagrammen dargestellt sind. Zieldiagramme, wie etwa in Abbildung 1.2, haben insbesondere zur Folge, dass man zur Identifizierung potenzieller Praktiken/Strategien, die man ausprobieren könnte, weniger Prozesserfahrung braucht. Was Sie allerdings brauchen, ist ein Verständnis der Grundlagen von DA, die in diesem Buch beschrieben sind, und Vertrautheit im Umgang mit den Zieldiagrammen, sodass Sie potenzielle Optionen schnell finden können. Sie müssen sich nicht alle verfügbaren Optionen merken, weil Sie sie nachschlagen können, und Sie brauchen kein fundiertes Wissen über jede einzelne Option, weil sie im Disciplined Agile Browser [DABrowser] skizziert und in einen Zusammenhang gestellt werden. Abbildung 1.4 zeigt solch ein Beispiel. Hier können Sie einige Informationen sehen, die die Entscheidungspunkte zu „Implementierung verbessern" im Prozessziel „Qualitätsverbesserung" erläutern. Sie sehen eine Beschreibung des Entscheidungspunkts sowie die ersten beiden Optionen (im Tool können Sie zu den übrigen Optionen weiterscrollen).

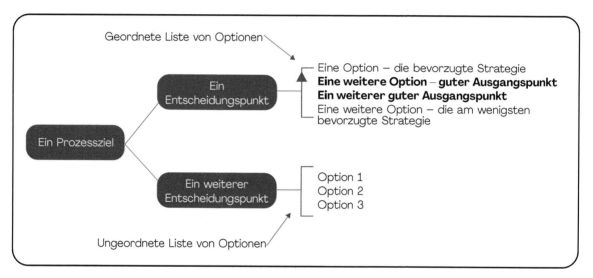

Abbildung 1.3 Darstellung eines Zieldiagramms.

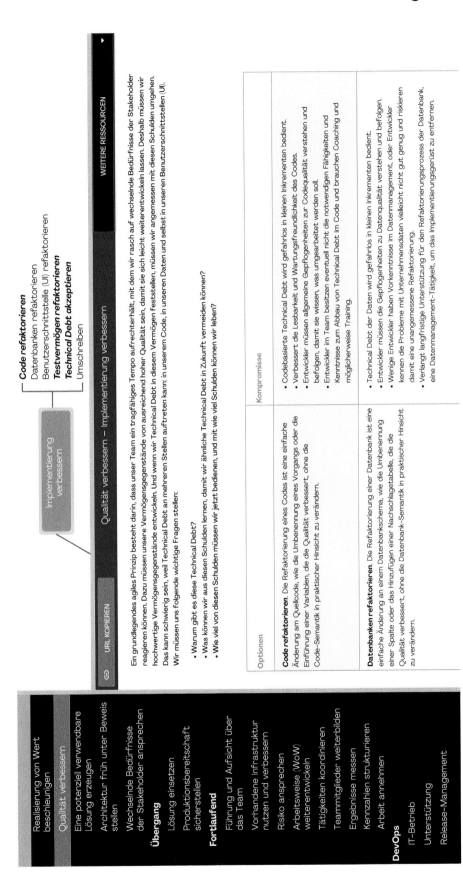

Abbildung 1.4 Im DA-Browser erfasste Einzelheiten des Verfahrens.

Verbesserung geschieht auf vielen Ebenen

Prozessverbesserung oder Weiterentwicklung von WoW findet überall in Ihrer Organisation statt. Organisationen sind eine Sammlung interagierender Teams und Gruppen, die sich jeweils kontinuierlich weiterentwickeln. Mit der Weiterentwicklung ihrer WoWs veranlassen Teams Änderungen in den Teams, mit denen sie interagieren. Wegen dieser ständigen Prozessevolution – hoffentlich zum Besseren – und weil Menschen einmalig sind, kann man nicht vorhersagen, wie Leute zusammenarbeiten oder wie die Ergebnisse dieser Zusammenarbeit aussehen werden. Kurzum, Ihre Organisation ist ein komplexes adaptives System (CAS) [Cynefin]. Eine Übersicht über dieses Konzept findet sich in Abbildung 1.5 mit der Darstellung von Teams, Organisationsbereichen (wie Geschäftsbereiche, Funktionen oder Wertströme) und Unternehmensteams. Abbildung 1.5 ist eine schematische Vereinfachung, weil das Diagramm auch so schon kompliziert genug ist. Es gibt weitaus mehr Interaktionen zwischen Teams und über Organisationsgrenzen hinweg, und in großen Unternehmen kann ein Organisationsbereich vielleicht sogar seine eigenen „Unternehmens"-Gruppen haben, wie Unternehmensarchitektur oder Finanzen.

Die Wahl des eigenen WoW hat mehrere interessante Folgen:

1. **Jedes Team hat einen anderen WoW.** Wir können das wirklich nicht oft genug wiederholen.
2. **Mit der Eingliederung neuer Erkenntnisse und Erfahrungen, die wir durch die Arbeit mit anderen Teams gewinnen, entwickeln wir unseren WoW weiter.** Wir erreichen nicht nur das gesteckte Ziel in Zusammenarbeit mit einem anderen Team, sondern wir lernen von diesem Team auch sehr oft neue Verfahren oder neue Formen der Zusammenarbeit (die es vielleicht wiederum aus der Arbeit mit anderen Teams gelernt hat).

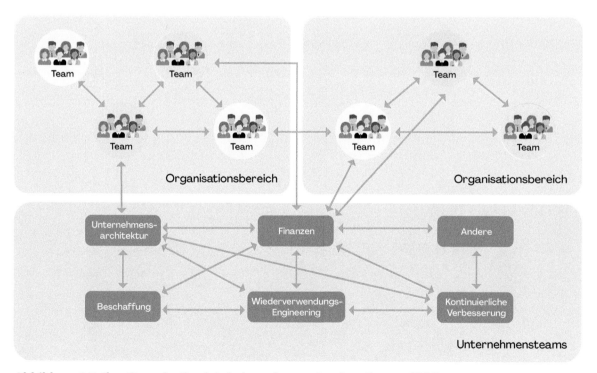

Abbildung 1.5 Ihre Organisation ist ein komplexes adaptives System (CAS).

3. **Wir können uns gezielt dazu entschließen, von anderen Teams zu lernen.** Es gibt viele Strategien zum Erfahrungsaustausch unter den einzelnen Teams, die wir innerhalb unserer Organisation übernehmen können, wie etwa Vorträge von Praktizierenden, Gemeinschaften von Praktizierenden/„Zünfte", Coaching und viele andere. Strategien auf Teamebene werden im Prozessziel Weiterentwicklung des WoW erfasst, während Strategien auf Organisationsebene im Prozessblatt Kontinuierliche Verbesserung[1] [ContinuousImprovement] erscheinen. Das DA-Toolkit ist also eine generative Ressource, die Sie bei der agnostischen Wahl Ihres WoW anwenden können.

4. **Wir können von den Arbeiten der Organisation zu Umstrukturierung/Verbesserung profitieren.** Verbesserung kann und sollte auf der Teamebene stattfinden. Sie kann auch auf der Ebene von Organisationsbereichen stattfinden (wir können z. B. an der Optimierung des Arbeitsflusses zwischen den Teams innerhalb eines Bereichs arbeiten). Verbesserung muss auch außerhalb von DAD-Teams stattfinden (wir können z. B. den Gruppen Unternehmensarchitektur, Finanzen und Personalmanagement zu einer wirksameren Zusammenarbeit mit dem Rest der Organisation verhelfen).

Abbildung 1.6 zeigt die Gliederung des DA-Toolkits in vier Schichten:

1. **Fundament.** Das Fundament bildet die konzeptionelle Grundlage für das DA-Toolkit.
2. **Disciplined DevOps.** DevOps bedeutet die Verschlankung von Lösungsentwicklung und Betrieb, und Disciplined DevOps ist ein Unternehmensansatz zu DevOps. In dieser Schicht befinden sich Disciplined Agile Delivery (DAD) (disziplinierte agile Lieferung), das Kernthema dieses Buchs sowie andere Unternehmensaspekte von DevOps.

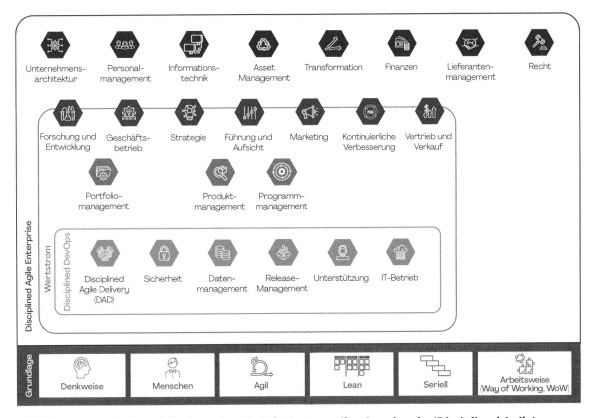

Abbildung 1.6 Inhalt und Umfang des disziplinierten agilen Regelwerks (Disciplined Agile).

---

[1] Ein Prozessblatt behandelt einen zusammenhängenden Prozessbereich wie Vermögensverwaltung, Finanzen oder Sicherheit.

3. **Wertstrom.** Die Wertstromebene basiert auf dem Flussmodell FLEX von Al Shalloway, das jetzt DA FLEX heißt. Es reicht nicht, innovative Ideen zu haben, wenn diese Ideen auf dem Markt oder im Unternehmen nicht umgesetzt werden können. DA FLEX ist das Bindeglied, das die Strategien einer Organisation zusammenhält. Es zeigt, wie ein effektiver Wertstrom aussieht, und befähigt sie, Entscheidungen zur Verbesserung aller Teile der Organisation im Gesamtzusammenhang zu treffen.
4. **Disciplined Agile Enterprise (DAE).** Die DAE-Schicht behandelt hauptsächlich die übrigen Unternehmenstätigkeiten zur Unterstützung der Wertströme in Ihrer Organisation.

Teams können und sollten unabhängig von der Schicht, in der sie tätig sind, ihren WoW wählen. Wir befassen uns in diesem Buch schwerpunktmäßig mit DAD-Teams; in geeigneten Fällen werden wir jedoch auch teamübergreifende und organisationsweite Problemstellungen behandeln.

Geführte kontinuierliche Verbesserung (Guided continuous improvement, GCI)

Viele Teams beginnen ihre agile Erfahrung mit der Übernahme agiler Methoden wie Scrum [ScrumGuide; SchwaberBeedle], eXtreme Programming (XP) [Beck] oder der Dynamic Systems Development Method (DSDM)-Atern [DSDM]. Große Teams, die mit „Skalierung" zu tun haben (was das wirklich bedeutet, werden wir in Kapitel 2 erörtern), können sich für SAFe® [SAFe], LeSS [LeSS] oder Nexus® [Nexus] entscheiden, um nur einige zu nennen. Diese Methoden/Regelwerke widmen sich jeweils einer speziellen Klasse von Problemen, die sich für agile Teams ergeben. Aus unserer Sicht besitzen sie eher Vorschriftcharakter, weil sie nur wenige Auswahlmöglichkeiten bieten. Bisweilen sehen sich Teams gezwungen, viel Zeit auf das „Herunterbrechen" von Regelwerken zu verwenden, um Verfahren auszuschließen, die nicht auf ihre Situation zutreffen; statt dessen müssen sie dann andere, passende Verfahren aufnehmen. Das ist insbesondere dann der Fall, wenn Regelwerke auf Sachverhalte angewendet werden, für die sie nicht optimal geeignet sind. Wenn Regelwerke und Sachverhalte jedoch zusammenpassen, funktionieren sie in der Praxis oft ziemlich gut. Wenn Sie eine/s dieser Methoden/Regelwerke mit Vorschriftcharakter erfolgreich übernehmen, folgt die Wirksamkeit Ihres Teams meist der in Abbildung 1.7 gezeigten Kurve. Die Wirksamkeit lässt zuerst nach, weil das Team eine neue Arbeitsweise erlernt, Zeit in das Training investiert und Leute sich oft neue Verfahren aneignen. Mit der Zeit nimmt die Wirksamkeit zu und steigt über das Ausgangsniveau, flacht dann aber schließlich ab, wenn das Team Routine mit seinem neuen WoW entwickelt. Es läuft besser, aber ohne gemeinsame Anstrengungen zur Verbesserung werden Sie feststellen, dass die Wirksamkeit von Teams über eine bestimmte Stufe nicht hinauskommt.

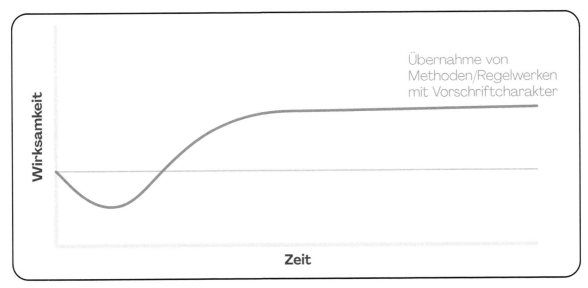

Abbildung 1.7 Wirksamkeit des Teams bei der Übernahme eines agilen Verfahrens oder Regelwerks.

Oft wird uns zu Abbildung 1.7 gesagt, dass das nicht sein könne, das Versprechen von Scrum sei doch, dass man die doppelte Arbeit in der Hälfte der Zeit erledigen könne [Sutherland]. Leider bewahrheitet sich diese Vervierfachung der Produktivität in der Praxis nicht. In einer neueren Studie unter 155 Organisationen, 1500 Wasserfallteams und 1500 agilen Teams wurden tatsächliche Produktivitätszuwächse bei agilen Teams, die hauptsächlich Scrum folgten, eher in einem Umfang von 7-12 % festgestellt [Reifer]. Bei einer Skalierung in großem Maßstab sinkt bei der Mehrheit der Organisationen, die SAFe übernommen haben, die Verbesserung auf 3-5 %.

Es gibt viele Möglichkeiten, mit denen ein Team seinen WoW verbessern kann, Strategien, die vom Prozessziel Weiterentwicklung des WoW erfasst werden. Während für Verbesserungen oft ein experimenteller Ansatz empfohlen wird, haben wir festgestellt, dass Experimente unter Anleitung sogar noch wirkungsvoller sind. Die agile Community liefert viele Ratschläge zu Retrospektiven, worunter man Arbeitstreffen versteht, in denen ein Team darüber reflektiert, wie es besser wird; und die Lean-Community gibt hervorragende Ratschläge zur Umsetzung dieser Reflexionen [Kerth]. Abbildung 1.8 stellt den Kreislauf zur Verbesserung im Denkmodell von W. Edwards Deming „Planen – Ausführen – Studieren – Handeln" (plan-do-study-act, PDSA) [Deming] schematisch dar. In diesem Zusammenhang spricht man manchmal auch von einem Kaizen-Kreislauf. Das war Demings erster Ansatz zur kontinuierlichen Verbesserung, den er später zu „Planen – Umsetzen – Überprüfen – Handeln" (Plan-Do-Check-Act, PDCA) weiterentwickelte. Dieser sogenannte Demingkreis war in den 1990ern im Business und in den frühen 2000er Jahren in der agilen Community beliebt. Allerdings ist nicht allgemein bekannt, dass Deming nach einigen Jahren des Experimentierens mit PDCA erkannte, dass dieser Ansatz nicht so wirkungsvoll war wie PDSA, und wieder dazu zurückkehrte. Der Hauptunterschied bestand darin, dass „Studieren" die Teams stärker motivierte, Messungen und intensivere Überlegungen darüber anzustellen, ob eine Änderung sich in der Praxis als positiv erwiesen hat. Deshalb folgen wir dem Wunsch Demings und empfehlen PDSA statt PDCA, denn wir haben festgestellt, dass kritisches Denken dieser Art zu anhaltenden Verbesserungen führt. Manche tendieren zu Verbesserungsmethoden nach der Entscheidungsschleife „Beobachten – Orientieren – Entscheiden – Handeln" (OODA, Observe Orient Decide Act) von John Boyd, einem Colonel in der U.S. Air Force [Coram]. Unser Rat lautet wie immer, dass Sie die Methode wählen sollten, die für Sie geeignet ist. Unabhängig von der gewählten Verbesserungsschleife sollten Sie daran denken, dass Ihr Team mehrere Experimente parallel laufen lassen kann – und vielleicht sollte. Das gilt insbesondere dann, wenn die potenziellen Verbesserungen unterschiedliche Abschnitte in Ihrem Prozess betreffen und sich deshalb nicht gegenseitig beeinflussen (die Wirksamkeit der einzelnen Experimente lässt sich nur schwer feststellen, wenn sie sich gegenseitig beeinflussen).

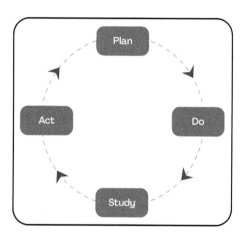

Abbildung 1.8 Der kontinuierliche Verbesserungszyklus nach PDSA.

Die Grundidee der Strategie des kontinuierlichen Verbesserungszyklus nach PDSA/PDCA/OODA besteht darin, dass Sie Ihren WoW mit einer Reihe kleiner Änderungen verbessern. In der Lean Community wird diese Strategie mit dem japanischen Begriff für Verbesserung, Kaizen, bezeichnet. In Abbildung 1.9 sehen Sie den Arbeitsfluss für die Durchführung eines Experiments. Der erste Schritt besteht in der Identifizierung einer potenziellen Verbesserung, wie etwa eine neue Vorgehensweise oder Strategie, mit der Sie experimentieren und herausfinden wollen, wie gut sie für Ihre Situation geeignet ist. Die Wirksamkeit einer potenziellen Verbesserung wird durch Messung gegenüber klar definierten Ergebnissen festgestellt, vielleicht über eine Goal Question Metric (GQM) [GQM] oder Objectives and Key Results (OKR) [Doer] identifiziert. Die Messung, wie wirksam die Anwendung des neuen WoW ist, ist ein Beispiel für validiertes Lernen [Ries]. Beachten Sie außerdem, dass Abbildung 1.9 eine ausführliche Beschreibung eines einzelnen Durchlaufs durch die kontinuierliche Verbesserungsschleife eines Teams darstellt.

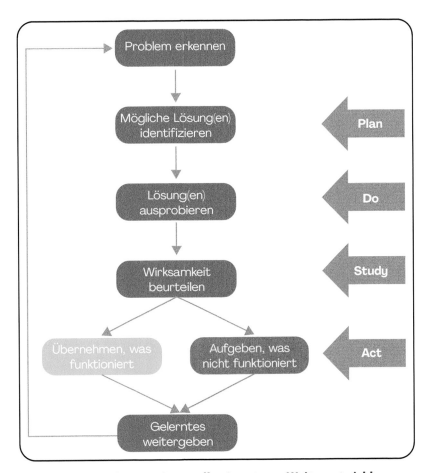

Abbildung 1.9 Ein experimenteller Ansatz zur Weiterentwicklung Ihres WoW.

Der Wert von DA liegt darin, dass es Sie durch diesen Identifizierungsschritt führen kann und Ihnen bei der agnostischen Identifizierung einer neuen Vorgehensweise/Strategie hilft, die aller Wahrscheinlichkeit nach die Herausforderung lösen kann, um die es Ihnen geht. Damit erhöhen Sie Ihre Chancen zur Identifizierung einer potenziellen Verbesserung, die für Sie geeignet ist, und beschleunigen Ihre Bemühungen zur Verbesserung Ihres WoW – wir nennen das geführte kontinuierliche Verbesserung (Guided continuous improvement, GCI). Kurzum, auf dieser Ebene hilft Ihnen das DA-Toolkit, schneller zu einem leistungsstarken Team zu werden. Im ursprünglichen DAD-Buch beschrieben wir eine Strategie der „gemessenen Verbesserung", die sehr ähnlich funktionierte.

Eine vergleichbare Strategie, die sich in der Praxis, insbesondere auf der Ebene der Organisation, als sehr wirksam erwiesen hat, ist Lean Change[2] [LeanChange1; LeanChange2], die „schlanke Veränderung". Der Managementzyklus Lean Change, der in Abbildung 1.10 schematisch dargestellt ist, wendet Ideen aus Lean Startup [Ries] an: Man hat Erkenntnisse (eine Hypothese), identifiziert potenzielle Möglichkeiten für den Umgang mit diesen Erkenntnissen und macht dann Versuche in der Form von „minimal viable changes" (MVC), d. h. den „kleinsten sinnvollen Veränderungen". Diese MVC werden eingeführt und einige Zeit angewandt, dann misst man die Ergebnisse und stellt fest, wie wirksam sie sich in der Praxis erweisen. Teams übernehmen dann die Änderungen, die in ihrer speziellen Situation gut für sie geeignet sind, und machen die Änderungen, die nicht gut funktionieren, wieder rückgängig. GGI ermöglicht leistungsstarke in Teams, während Lean Change zu leistungsstarken Organisationen führt.

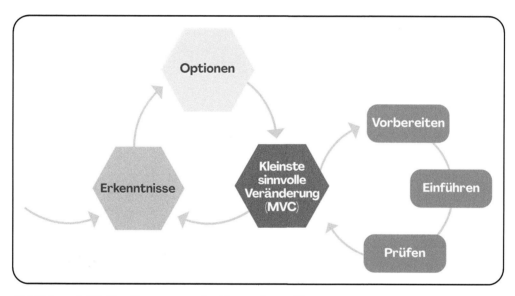

Abbildung 1.10 Der Managementzyklus zu Lean Change.

Die Verbesserungskurve für Strategien zur kontinuierlichen Verbesserung (ohne Anleitung) ist in Abbildung 1.11 als gestrichelte Linie dargestellt. Wie Sie sehen, geht die Produktivität zunächst ein wenig zurück, wenn die Teams lernen, wie man MVC identifiziert, und die Versuche durchführen; dieser Rückgang ist allerdings geringfügig und von kurzer Dauer. Die durchgezogene Linie zeigt die GCI-Kurve im Zusammenhang; Teams identifizieren mit größerer Wahrscheinlichkeit Optionen, die für sie geeignet sind, was zu einer höheren Quote positiver Versuchsergebnisse und damit zu einer schnelleren Verbesserungsrate führt. Kurz gesagt, bessere Entscheidungen führen zu besseren Ergebnissen.

---

[2] Im DA-Prozessblatt Umstrukturierung, PMI.org/disciplined-agile/process/transformation, zeigen wir, wie Lean Change auf Organisationsebene angewandt wird.

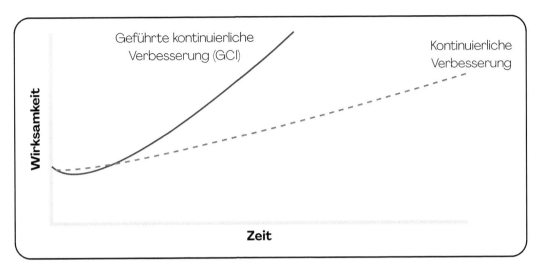

Abbildung 1.11 Geführte kontinuierliche Verbesserung (GCI) ermöglicht Teams eine schnellere Verbesserung.

Natürlich ist keine dieser Linien in Abbildung 1.11 absolut glatt. Teams erleben ein ständiges Auf und Ab, einige Versuche scheitern (abwärts) und Teams lernen, was in ihrer Situation nicht geeignet ist; dann erleben sie Erfolge (aufwärts), wenn sie ein Verfahren entdecken, das ihre Wirksamkeit als Team stärkt. Die durchgezogene Linie für GCI fällt glatter aus als die gestrichelte Linie, weil Teams einen höheren Anteil an Aufwärtsbewegungen haben.

Diese beiden Strategien, d. h. die Übernahme von Methoden/Regelwerken mit Vorschriftcharakter und die anschließende Verbesserung des WoW durch GCI, haben den Vorteil, dass sie sich kombinieren lassen, wie Abbildung 1.12 zeigt. Wir begegnen immer wieder Teams, die eine agile Methode mit Vorschriftcharakter übernommen haben – häufig Scrum oder SAFe – und dann ein Plateau erreichen, weil sie auf ein oder mehrere Probleme stoßen, die in ihrem gewählten Regelwerk bzw. ihrer Methode nicht direkt behandelt werden. Die Teams geraten dann meist ins Schlingern, weil die Methode die Probleme, mit denen sie zu tun haben, nicht aufgreift und weil sie auf dem Gebiet nicht über die nötige Erfahrung verfügen. Ivar Jacobson hat diese Situation folgendermaßen bezeichnet: „Sie sind im Methodengefängnis gefangen." [Prison]. Wendet man eine Strategie der

kontinuierlichen Verbesserung oder idealerweise GCI an, gelangen die Bemühungen zur Prozessverbesserung schon bald wieder ins richtige Fahrwasser. Weil die zugrunde liegende geschäftliche Situation sich ständig ändert, darf man sich jedoch nicht auf seinen „Prozess-Lorbeeren" ausruhen, sondern muss vielmehr den WoW an die wechselnde Situation anpassen.

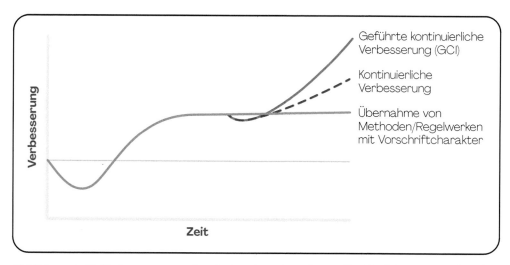

Abbildung 1.12 Verbesserung anhand eines bestehenden agilen Verfahrens/Regelwerks.

Es muss klargestellt werden, dass GCI auf Teamebene eine vereinfachte Version der Arbeit ist, die man auf Organisationsebene ausführen würde. Auf der Teamebene entscheiden sich Teams eventuell, einen Verbesserungs-Backlog für solche Themen zu pflegen, die sie eines Tages verbessern wollen. Auf Organisations- oder Unternehmensebene haben wir möglicherweise eine Gruppe von Leuten, die ein großes Umstrukturierungs- oder Verbesserungsvorhaben leiten, das darauf ausgerichtet ist, Teams die Wahl ihrer WoWs zu ermöglichen und allgemeinere Probleme der Organisation aufzugreifen, die Teams nicht so leicht alleine angehen können.

Workshops zur Prozessanpassung

Eine häufig angewandte Strategie zur Anwendung von DA bei der Wahl des WoW sind auch Workshops zur Prozessanpassung [Tailoring]. In einem Workshop zur Prozesssanpassung führt ein Coach oder eine Teamleiterin das Team durch die wichtigen Aspekte der DAD, und das Team bespricht, wie die Zusammenarbeit aussehen soll. Dazu gehören in der Regel die Wahl eines Lebenszyklus, die Erörterung der einzelnen Prozessziele und der jeweiligen Entscheidungspunkte sowie die Besprechung von Rollen und Zuständigkeiten.

Ein Workshop zur Prozessanpassung oder mehrere kurze Workshops können jederzeit durchgeführt werden. Abbildung 1.13 zeigt, dass diese Workshops in der Regel bei der Teambildung durchgeführt werden, wo man festlegt, wie das Team seine anfänglichen Arbeiten rationeller gestalten kann (wir nennen das die Anfangsphase); sie liegt unmittelbar vor der Aufbauphase, in der vereinbart wird, welcher Ansatz für die Arbeit gewählt werden soll. Prozessentscheidungen, die in den Prozessanpassungsworkshops getroffen werden, sind nicht endgültig, sondern entwickeln sich mit der zunehmenden Erfahrung des Teams weiter. Man sollte während der Arbeit stets dazulernen und dabei den Prozess verbessern. In der Tat denken die meisten agilen Teams regelmäßig im Rahmen von Retrospektiven darüber nach. Der Zweck der Prozessanpassungsworkshops besteht also darin, Ihr Team in die richtige Richtung zu lenken, während Retrospektiven der Identifizierung möglicher Anpassungen in diesem Prozess dienen.

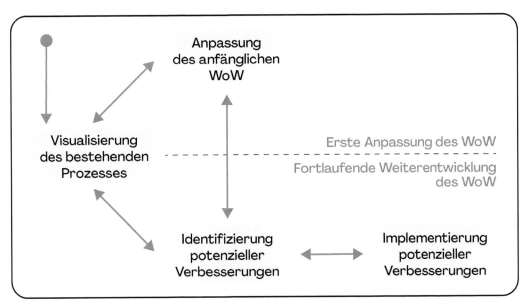

Abbildung 1.13 Wahl und Weiterentwicklung von WoW im Lauf der Zeit.

Die Frage nach einem Ansatz für die Weiterentwicklung des WoW innerhalb eines Teams ist gerechtfertigt. Jonathan Smart, der die Umstrukturierung bei Barclays leitete, empfiehlt den in Abbildung 1.14 dargestellten Ansatz von Dan North: Visualisieren, Stabilisieren und Optimieren. Man beginnt mit der Visualisierung des bestehenden WoW und identifiziert danach einen neuen potenziellen WoW, der nach Auffassung des Teams geeignet ist (darum geht es bei der anfänglichen Anpassung). Dann muss das Team diesen neuen WoW anwenden und lernen, wie er in seinem speziellen Kontext funktionieren kann. Diese Stabilisierungsphase kann mehrere Wochen oder Monate dauern. Wenn das Team seinen WoW stabilisiert hat, ist es in der Lage, den WoW mithilfe einer GCI-Strategie weiterzuentwickeln.

Visualisieren	**Stabilisieren**	**Optimieren**
• Bestehenden WoW erkunden	• Neuen WoW anwenden	• Geführte kontinuierliche Verbesserung
• Neuen WoW identifizieren	• Training und Coaching bekommen	
	• Zeit zum Lernen des neuen WoW nehmen	

Abbildung 1.14 Ansatz für die Anpassung von Prozessen und Verbesserung im Team.

Workshops zur Prozessanpassung in einem großen Geldinstitut

Von Daniel Gagnon

In meiner langjährigen Erfahrung mit zahlreichen Workshops zur Prozessanpassung, mit Teams jeder Form, Größe und Erfahrung und in verschiedenen Organisationen [Gagnon] habe ich interessanterweise einen Kommentar besonders häufig gehört: Dass die Workshops „so viele Optionen aufdeckten, die wir nicht einmal als Optionen erkannt hatten!" Obwohl diese Workshops anfangs oft nur zögernd angenommen werden, habe ich noch kein Team erlebt, das den Wert dieser Veranstaltungen nicht schnell erkennt und zu schätzen weiß.

Meine Erfahrungen:

1. Ein(e) Teamleiter(in), Architekturverantwortliche(r) oder leitende(r) Entwickler(in) kann in den Frühphasen fast alle Entwickler:innen ersetzen.
2. Werkzeuge sind hilfreich. Wir haben eine einfache Tabelle zur Erfassung von WoW-Auswahlmöglichkeiten entwickelt.
3. Teams können sofortige WoW-Entscheidungen treffen und „ausgereiftere" Ziele für die Zukunft benennen, die sie sich als Verbesserungsziele setzen.
4. Wir haben eine kleine Zahl Auswahlmöglichkeiten auf Unternehmensebene festgelegt, um eine gewisse Einheitlichkeit unter den Teams zu fördern, darunter auch einige Optionen zu „Infrastruktur als Code".
5. Teams müssen nicht bei Null anfangen, sondern können die Auswahl von ähnlichen Teams übernehmen und dann weitere Anpassungen vornehmen.

Ein wichtiger Hinweis zur Teilnahme: Letzten Endes können die Teams selbst am besten beurteilen, wer in den einzelnen Entwicklungsstadien an den Besprechungen teilnehmen sollte. Unterstützung wird immer leichter zu bekommen sein, wenn die Vorteile sichtbar werden, die die Wahl des WoW durch die Teams selbst mit sich bringt.

Daniel Gagnon hat als Coach die Übernahme eines disziplinierten agilen Regelwerks in zwei großen Geldinstituten Kanadas betreut und ist heute leitender Agile Coach in Quebec.

Das Gute ist, dass Workshops zur Prozessanpassung mit einer wirkungsvollen Moderation straff durchgeführt werden können. Dazu empfehlen wir Folgendes:

- Vereinbaren Sie mehrere kurze Meetings (Sie brauchen eventuell nicht alle).
- Bereiten Sie eine klare Agenda vor (setzen Sie Erwartungen).
- Laden Sie das ganze Team ein (es ist sein Prozess).
- Bestellen Sie eine(n) erfahrene(n) Moderator(in) (Meinungsverschiedenheiten sind praktisch vorprogrammiert).
- Sorgen Sie für eine flexible Arbeitsumgebung (die Gruppenarbeit zulässt).

Ein Workshop zur Prozessanpassung behandelt wahrscheinlich mehrere wichtige Aspekte unserer Arbeitsweise (Way of Working, WoW):

- Legen Sie die Rechte und Pflichten der Teammitglieder fest; dieses Thema wird in Kapitel 4 ausführlich behandelt.
- Wie wollen wir das Team gliedern/strukturieren?
- Welchem Lebenszyklus wird das Team folgen? Kapitel 6 enthält mehr zu diesem Thema.
- Welchen Praktiken/Strategien werden wir folgen?
- Haben wir eine Definition of Ready (DoR) [Rubin] und, falls ja, wie sieht sie aus?
- Haben wir eine Definition of Done (DoD) [Rubin] und, falls ja, wie sieht sie aus?
- Welche Werkzeuge werden wir einsetzen?

Workshops zur Prozessanpassung bedeuten Zeitaufwand, sind aber eine wirksame Möglichkeit, um sicherzustellen, dass die Teammitglieder eine übereinstimmende Auffassung von ihrer Zusammenarbeit haben. In jedem Fall sollten Sie versuchen, diese Workshops so straff wie möglich durchzuziehen, weil sie gern ein Eigenleben entwickeln – Ziel ist es, die richtige „Prozessrichtung" aufzuzeigen. Sie können Ihren WoW später immer noch weiterentwickeln, wenn Sie sehen, was bei Ihnen funktioniert und was nicht. Schließlich müssen Sie noch einige Leute gewinnen, die Erfahrung mit agiler Lieferung haben. DA bietet ein unkompliziertes Toolkit für die Wahl und Weiterentwicklung Ihres WoW, trotzdem brauchen Sie die Kenntnisse und das Wissen zur wirksamen Anwendung dieses Toolkits.

DA ist zwar eine Sammlung oder ein Instrumentarium voll toller Ideen, aber in Ihrer Organisation möchten Sie dem Grad der Selbstorganisation, den Ihre Teams anwenden können, vielleicht Grenzen setzen. In DAD empfehlen wir Selbstorganisation im Rahmen der geeigneten Führung und Aufsicht. In Organisationen, die DA übernehmen, haben wir gesehen, dass sie die Wahl manchmal steuern helfen, sodass Teams sich innerhalb allgemein verstandener „Leitplanken" der Organisation selbst organisieren.

Retrospektiven durch Optionen für Verbesserungen unter Anleitung stärken

Eine Retrospektive ist ein Verfahren, mit dem Teams über ihre Wirksamkeit nachdenken können und hoffentlich potenzielle Prozessverbesserungen identifizieren, mit denen sie dann experimentieren [Kerth]. Wie zu erwarten, kann man DA zur leichteren Identifizierung von Verbesserungen einsetzen, die mit hoher Wahrscheinlichkeit für Sie geeignet sind. Ein Beispiel: Vielleicht erörtern Sie gerade die übermäßige Fluktuation von Anforderungen aufgrund mehrdeutiger User Stories und Abnahmekriterien. Sie stellen vielleicht fest, dass Sie zusätzliche Anforderungsmodelle zur Klärung der Anforderungen brauchen. Aber welche Modelle sollen Sie wählen? Sie schlagen das Prozessziel „Inhalt und Umfang untersuchen" nach und könnten dann ein Domänendiagramm zur Klärung der Beziehungen zwischen den Einheiten aufstellen oder eventuell einen Low-Fidelity (einfachen) Prototyp der Benutzerschnittstelle (UI) zur Klärung des Benutzererlebnisses (UX) gestalten. Unseren Beobachtungen zufolge lernen Teams, die sich an DA orientieren, Strategien und Praktiken kennen, von denen sie vorher noch nicht einmal gehört hatten.

Erweitertes Coaching durch ein größeres Prozess-Toolkit für den Coach

DA ist für agile Coaches besonders wertvoll. Erstens bedeutet das Verständnis von DA, dass Sie über eine größere Sammlung an Strategien verfügen, die Sie zur Lösung der Probleme Ihres Teams zum Einsatz bringen können. Zweitens verweisen unserer Erfahrung nach Coaches oft auf DA, um zu erklären, dass manche Aspekte, die die Teams oder Organisation selbst als „bewährte Praktiken" erachten, in Wirklichkeit recht schlechte Entscheidungen sind und dass bessere Alternativen zur Auswahl stehen. Drittens nutzen Coaches DA zum Füllen ihrer eigenen Erfahrungs- und Wissenslücken.

Dokumentation des WoW

Wir würden Ihnen gerne sagen, dass Sie Ihren WoW nicht dokumentieren müssen. Tatsache ist aber, dass das oft aus einem oder mehreren überzeugenden Gründen notwendig ist:

1. **Regulatorische Vorgaben.** Ihr Team arbeitet in einem regulierten Umfeld, in dem Sie gesetzlich zur Erfassung Ihrer Vorgehensweise – Ihrem WoW – verpflichtet sind.
2. **Er ist zu kompliziert, um ihn sich zu merken.** Ihr WoW besteht aus vielen beweglichen Teilen. Sehen Sie sich das Zieldiagramm in Abbildung 1.2 an. Ihr Team wird mehrere der dort genannten Strategien übernehmen, und das ist nur eines von 24 Zielen. Wie bereits gesagt, ist die Lieferung von Lösungen komplex. Wir haben in DA unser Möglichstes zum Abbau dieser Komplexität getan, um Ihnen bei der Wahl Ihres WoW zu helfen, aber wir können sie nicht ganz verschwinden lassen.
3. **Dokumentation bietet Sicherheit.** Viele Leute fühlen sich nicht wohl bei dem Gedanken, das sie keinem „festgelegten Prozess" folgen können, insbesondere dann, wenn der Prozess neu für sie ist. Sie haben gern etwas, wo sie gelegentlich nachschlagen und weiter lernen können. Mit zunehmender Erfahrung mit dem WoW des Teams werden sie seltener in die Dokumentation schauen, bis sie sie schließlich gar nicht mehr nutzen.

Weil nur wenige Leute gern Prozessunterlagen lesen, empfehlen wir Ihnen ein möglichst einfaches Format. Folgen Sie agilen Dokumentationspraktiken [AgileDocumentation], wie prägnante Formulierungen und enge Zusammenarbeit mit der Zielgruppe (in diesem Fall das Team selbst), um sicherzustellen, dass die Dokumentation den tatsächlichen Bedarf der Zielgruppe erfüllt. Eine Auswahl von Möglichkeiten zur Erfassung Ihres WoW:

- Erfassung von möglichen Zieldiagrammen in einer einfachen Tabelle.
- Prozessübersicht auf einem einzelnen Blatt Papier (A3).
- Poster an den Wänden.
- Prägnante Erfassung des Prozesses in einem Wiki.

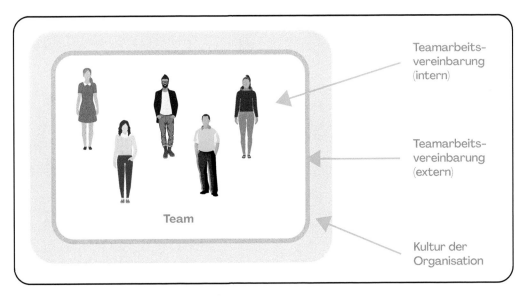

Abbildung 1.15 Teamarbeitsvereinbarungen.

Wie wir im Prozessziel „Weiterentwicklung des WoW" zeigen, stehen verschiedene Strategien zur Erfassung Ihres WoW zur Auswahl. Ein allgemeiner Ansatz besteht darin, dass ein Team eine Arbeitsvereinbarung entwickelt und sich dazu verpflichtet. Arbeitsvereinbarungen beschreiben die Rollen und Zuständigkeiten der einzelnen Teammitglieder, ihre allgemeinen Rechte und Pflichten und sehr oft den Prozess des Teams (den WoW). Abbildung 1.15 zeigt, dass wir gern zwischen zwei wichtigen Aspekten einer Teamarbeitsvereinbarung unterscheiden: der nach innen gerichtete Teil, der festlegt, wie das Team zusammenarbeitet, und der nach außen gewandte Teil, der beschreibt, wie die Interaktionen externer Partner mit dem Team aussehen sollten.

Der externe Teil der Arbeitsvereinbarung eines Teams ist in gewisser Hinsicht ein Service Level Agreement (SLA) für das Team. Sie umfasst eventuell einen Terminplan mit allgemeinen Meetings, an denen auch andere Personen teilnehmen (zum Beispiel tägliche Koordinationsbesprechungen und geplante Präsentationen), Angaben über den Zugang zum automatisierten Dashboard des Teams, wie man Kontakt zum Team aufnimmt und welchen Zweck das Team verfolgt. Die Arbeitsvereinbarung des Teams unterliegt im internen wie externen Teil natürlich der Umgebung und Kultur der Organisation, in der das Team tätig ist.

Zusammenfassung

Wir haben in diesem Kapitel mehrere wichtige Konzepte untersucht:

- Disciplined Agile (DA) Teams wählen ihre Arbeitsweise (WoW).
- Man muss sowohl „agil sein" als auch wissen, wie man „agil arbeitet"
- Die Lieferung von Lösungen ist kompliziert; dazu gibt es keine einfache Antwort.
- DA liefert das agnostische Gerüst zur Unterstützung eines Teams bei der Wahl seines WoW zur Lieferung softwarebasierter Lösungen.
- Andere waren mit ähnlichen Herausforderungen konfrontiert wie Sie und haben sie gemeistert. Mithilfe von DA können Sie diese Erfahrungen nutzen.
- Sie können dieses Buch als Leitfaden dafür einsetzen, wie Sie Ihren WoW zunächst wählen und dann im Lauf der Zeit weiterentwickeln.
- Der Ansatz der kontinuierlichen Verbesserung unter Anleitung (Guided continuous improvement, GCI) hilft Ihren Teams, aus dem „Methodengefängnis" auszubrechen und damit ihre Wirksamkeit zu verbessern.
- Das wahre Ziel ist die wirksame Umsetzung der erwünschten Ergebnisse einer Organisation, nicht das Agilsein oder das agile Arbeiten.
- Bessere Entscheidungen führen zu besseren Ergebnissen.

Kapitel 2

Diszipliniertes Verhalten

Bessere Entscheidungen führen zu besseren Ergebnissen.

Die wichtigsten Punkte in diesem Kapitel

- Das Agile Manifest ist ein guter Ausgangspunkt, reicht aber nicht aus.
- Schlanke Prinzipien sind entscheidend für den Erfolg agiler Teams im Unternehmen, die Lösungen bereitstellen.
- Die DA-Denkweise beruht auf acht Prinzipien, sieben Versprechen und acht Leitlinien.

Was bedeutet diszipliniertes Verhalten? Diszipliniertes Verhalten bedeutet, dass man das Richtige tut, was in der Regel harte Arbeit und Ausdauer verlangt. Es braucht Disziplin, damit wir unsere Kunden immer wieder begeistern. Es braucht Disziplin, damit Teams mit ihrer Leistung beeindrucken. Es braucht Disziplin, damit Führungskräfte ein sicheres Arbeitsumfeld für ihre Mitarbeiter:innen gewährleisten. Es braucht Disziplin, damit wir erkennen, dass wir unsere Arbeitsweise (WoW) an den jeweiligen Kontext anpassen und unser WoW mit den Gegebenheiten weiterentwickeln müssen. Es braucht Disziplin, damit wir erkennen, dass wir Teil einer größeren Organisation sind, dass wir das tun sollten, was für das Unternehmen am besten ist, und nicht nur das, was für uns bequem ist. Es braucht Disziplin, damit wir unseren allgemeinen Arbeitsfluss weiterentwickeln und optimieren, und es braucht Disziplin, damit wir erkennen, dass uns viele Auswahlmöglichkeiten zu unserer Arbeitsweise und Struktur zur Verfügung stehen und wir deshalb entsprechende Entscheidungen treffen sollten.

Das Manifest für agile Softwareentwicklung

2001 nahm die agile Bewegung mit der Veröffentlichung des *Manifests für agile Softwareentwicklung* [Manifesto], oder kurz Agiles Manifest, ihren Anfang. Das Manifest erfasst vier Werte, die von den 12 nachstehend genannten Prinzipien gestützt werden. Es wurde von einer Gruppe aus 17 erfahrenen Expert:innen in der Softwareentwicklung aufgestellt. Sie wollten schildern, was sich in der Praxis als durchführbar erwiesen hatte, statt zu beschreiben, was sie sich in der Theorie als durchführbar erhofften. Heute klingt das selbstverständlich, aber damals stellte das Manifest eine radikale Abkehr vom Ansatz vieler Vordenker in der Welt der Softwareingenieure dar.

26 Wählen Sie Ihren WoW!

Das *Manifest für agile Softwareentwicklung*:
> Wir erschließen bessere Wege zur Softwareentwicklung, indem wir es selbst tun und anderen dabei helfen. Durch diese Tätigkeit haben wir die folgenden Werte zu schätzen gelernt:

1. **Personen und Interaktionen** mehr als Prozesse und Werkzeuge
2. **Funktionierende Software** mehr als umfassende Dokumentation
3. **Zusammenarbeit mit dem Kunden** mehr als Vertragsverhandlung
4. **Reagieren auf Veränderung** mehr als das Befolgen eines Plans

Das heißt, obwohl wir die Werte auf der rechten Seite wichtig finden, schätzen wir die Werte auf der linken Seite höher ein.

Hinter dem Agilen Manifest stehen 12 Prinzipien, die Praktizierenden weitere Anleitung geben. Die Prinzipien lauten:

1. Unsere höchste Priorität ist es, den Kunden durch frühe und Continuous Delivery wertvoller Software zufrieden zu stellen.
2. Heiße Anforderungsänderungen selbst spät in der Entwicklung willkommen. Agile Prozesse nutzen Veränderungen zum Wettbewerbsvorteil des Kunden.
3. Liefere funktionierende Software regelmäßig innerhalb weniger Wochen oder Monate und bevorzuge dabei die kürzere Zeitspanne.
4. Fachexperten und Entwickler müssen während des Projektes täglich zusammenarbeiten.
5. Errichte Projekte rund um motivierte Individuen. Gib ihnen das Umfeld und die Unterstützung, die sie benötigen, und vertraue darauf, dass sie die Aufgabe erledigen.
6. Die effizienteste und effektivste Methode, Informationen an und innerhalb eines Entwicklungsteams zu übermitteln, ist im Gespräch von Angesicht zu Angesicht.
7. Funktionierende Software ist das wichtigste Fortschrittsmaß.
8. Agile Prozesse fördern nachhaltige Entwicklung. Die Auftraggeber, Entwickler und Benutzer sollten ein gleichmäßiges Tempo auf unbegrenzte Zeit halten können.
9. Ständiges Augenmerk auf technische Exzellenz und gutes Design fördert Agilität.
10. Einfachheit – die Kunst, die Menge nicht getaner Arbeit zu maximieren – ist essenziell.
11. Die besten Architekturen, Anforderungen und Entwürfe entstehen durch selbstorganisierte Teams.
12. In regelmäßigen Abständen reflektiert das Team, wie es effektiver werden kann, und passt sein Verhalten entsprechend an.

Die Veröffentlichung des *Manifests für agile Softwareentwicklung* hat sich als Meilenstein in der Welt der Softwareentwicklung und, wie wir in den letzten Jahren gesehen haben, auch in der Geschäftswelt erwiesen. Aber der Zahn der Zeit nagt am Manifest, und es wirkt in mancher Hinsicht veraltet:

1. **Es ist auf Softwareentwicklung beschränkt.** Das Manifest konzentrierte sich bewusst auf die Softwareentwicklung und ließ andere Aspekte der IT außer Acht, ganz zu schweigen von anderen Aspekten, die das Unternehmen allgemein betreffen. Viele Konzepte können auf diese Umgebungen abgewandelt werden, was im Lauf der Jahre auch geschehen ist. Somit liefert das Manifest wertvolle Erkenntnisse, die wir weiterentwickeln können. Das Manifest selbst sollte auch weiterentwickelt und auf einen größeren Geltungsbereich ausgedehnt werden, als ursprünglich beabsichtigt war.
2. **Die Welt der Softwareentwicklung ist weitergezogen.** Die Verfasser des Manifests bildeten das Umfeld der 1990er Jahre ab, und einige Prinzipien sind nicht mehr zeitgemäß. So schlägt das dritte Prinzip beispielsweise vor, dass wir Software im Turnus von einigen Wochen bis zu zwei Monaten liefern sollten. Damals war es eine Leistung, wenn man jeden Monat ein vorzeigbares Inkrement einer Lösung hatte. Heutzutage liegt die Messlatte jedoch wesentlich höher, liefern doch agil versierte Unternehmen mehrmals am Tag Funktionalität – was zum Teil darauf zurückzuführen ist, dass uns das Manifest geholfen hat, einen besseren Weg einzuschlagen.
3. **Wir haben seither viel gelernt.** Lange vor agil übernahmen Organisationen Denk- und Arbeitsweisen aus „Lean". Seit 2001 gedeihen agile und schlanke Strategien nicht nur allein, sondern wurden erfolgreich miteinander kombiniert. Wie wir gleich sehen werden, ist diese Mischung ein fester Bestandteil der DA-Denkweise. DevOps, die Zusammenführung der Lebenszyklen von Softwareentwicklung und IT-Betrieb, hat sich eindeutig dank dieser Vermischung weiterentwickelt. Es gibt wenige Organisationen, die DevOps-Arbeitsweisen nicht übernommen haben oder zumindest dabei sind, sie zu übernehmen – und DevOps ist, wie Kapitel 1 gezeigt hat, ein wesentlicher Bestandteil des Werkzeugsatzes in DA. Wir wollen damit sagen, dass es um mehr geht als nur um Agilität.

Lean Softwareentwicklung

Die DA-Denkweise ist eine Kombination aus agilem und schlankem Denken. Ein wichtiger Ausgangspunkt für das Verständnis der Lean Denkweise ist *The Lean Mindset* von Mary und Tom Poppendieck. In diesem Buch zeigen die Autoren, wie die sieben Grundsätze der Lean Produktion („Lean Manufacturing") auf die Optimierung des gesamten Wertstroms angewandt werden können. Das ist sehr wertvoll, aber wir müssen auch bedenken, dass die meisten von uns keine Autos – und auch nichts anderes – produzieren. Es gibt verschiedene Tätigkeiten, auf die „Lean" angewandt werden kann: unter anderem Fertigung, Dienstleistungen, Entwicklung konkreter Produkte und (virtuelle) Softwareentwicklung. Wir schätzen die Pionierleistung der Poppendiecks, untersuchen diese Prinzipien aber lieber darauf, wie sie allgemein angewendet werden können [Poppendieck]. Diese Prinzipien lauten:

1. **Verschwendung vermeiden.** Verfechter der Lean Denkweise halten jede Tätigkeit, die nicht direkt zum Wert des Endprodukts beiträgt, für Verschwendung [WomackJones]. Die drei größten Verursacher von Verschwendung in unserer Arbeit sind das Hinzufügen unnötiger Features, Projektprobleme und das Überschreiten von Organisationsgrenzen (insbesondere zwischen Stakeholdern und Entwicklungsteams). Wer Verschwendung abbauen will, muss Teams unbedingt erlauben, sich selbst zu organisieren und auf eine Weise zu arbeiten, die den gestellten Aufgaben entspricht. In der Produktentwicklung (in der konkreten oder virtuellen Welt) verbringen wir beträchtliche Zeit mit der Feststellung, was Wert besitzt. Das ist keine Verschwendung. Wir sind deswegen Zeugen endloser Debatten darüber geworden, was Verschwendung ist. Wir schlagen vor, dass man vor allem Zeitverschwendung wegen Verzögerungen im Arbeitsfluss abbauen sollte. Man kann in der Tat nachweisen, dass ein Großteil von Verschwendung sich in Verzögerungen im Arbeitsfluss niederschlägt oder sogar dadurch verursacht wird. Wir bauen unnötige Features, weil wir zu große Einheiten bauen, und bekommen verspätete Rückmeldung dazu, ob sie gebraucht werden (oder wir schreiben unsere Abnahmetests nicht, was das Verständnis darüber verzögert, was wir brauchen). Projektprobleme (insbesondere Fehler) gehen fast immer darauf zurück, dass wir aus dem Lot geraten sind, ohne es zu merken. Das Überschreiten von Grenzen in der Organisation führt fast immer zu Verzögerungen, weil ein Teil der Organisation auf den anderen wartet.
2. **Qualität einbauen.** Unser Prozess sollte Mängel von vornherein verhindern, aber wenn das nicht möglich ist, sollten wir nach folgendem Schema arbeiten: Etwas arbeiten, validieren, etwaige Probleme beheben und dann iterieren. Inspektionen im Nachhinein und das Einreihen von Mängeln in eine Warteschlange, damit sie eines Tages behoben werden, sind weniger effektiv. Agile Praktiken, die Qualität in unseren Prozess einbauen, sind unter anderem testgetriebene Entwicklung (Test-Driven Development, TDD) und Entwicklungspraktiken mit mehreren Entwickler:innen, wie Paarprogrammierung, Mob-Programmierung und Modellierung mit anderen (Mob-Modeling). Alle diese Verfahren werden später in diesem Buch beschrieben.
3. **Wissen schaffen.** Planung ist nützlich, aber Lernen ist unabdingbar. Wir wollen Strategien fördern, zum Beispiel das iterative Arbeiten, mit denen Teams herausfinden können, was Stakeholder wirklich wollen, und dieses Wissen dann umsetzen. Teammitglieder müssen auch regelmäßig über ihre Tätigkeit reflektieren und dann ihren Ansatz anhand von Experimenten verbessern.
4. **Zusagen aufschieben.** Es ist nicht notwendig, die Lösungsentwicklung mit der Festlegung einer vollständigen Spezifikation zu beginnen; in der Tat scheint diese Strategie bestenfalls fragwürdig. Wir können das Geschäft wirksam unterstützen, wenn wir uns flexible und änderungstoleranter Architekturen bedienen und unwiderrufliche Entscheidungen auf den spätestmöglichen Zeitpunkt terminieren – wenn wir mehr Informationen besitzen und bessere Entscheidungen treffen können. Häufig muss man beim Aufschieben von Zusagen bis zum sogenannten Last Responsible Moment, dem letzten verantwortbaren Zeitpunkt, in der Lage sein, durchgehende Geschäftsszenarien eng mit den in mehreren Anwendungen von mehreren Teams entwickelten Kompetenzen zu verknüpfen. Eine Strategie zum Aufschieben von Zusagen ist denn auch eine Möglichkeit, sich Optionen offen zu halten [Denning]. Software bietet weitere Mechanismen zum Aufschieben von Zusagen. Mithilfe von Emergent (ohne bewusste Steuerung gestaltetem) Design, automatisierten Tests und Pattern Thinking (Denken in Mustern) können maßgebliche Entscheidungen oft fast ohne Kostenaufwand aufgeschoben werden. Agile Softwareentwicklung beruht in vieler Hinsicht auf dem Konzept, dass inkrementelle Lieferung wenig zusätzliche Implementierungszeit kostet, Entwicklern aber jede Menge Aufwand für die Erstellung unnützer Features erspart.

5. **Schnell liefern.** Es ist möglich, Lösungen von hoher Qualität schnell zu liefern. Wenn wir die Arbeit eines Teams auf das beschränken, was im Rahmen seiner Kapazität liegt, können wir einen zuverlässigen und wiederholbaren Arbeitsfluss einrichten. Eine effektive Organisation verlangt von Teams nichts, was ihre Fähigkeiten übersteigt, sondern bittet sie vielmehr, sich selbst zu organisieren und festzustellen, welche Ergebnisse sie verwirklichen können. Mit der Einschränkung auf die regelmäßige Lieferung potenziell nutzbarer Lösungen bringt man Teams dazu, sich auf
die kontinuierliche Schaffung von Mehrwert zu konzentrieren.

6. **Menschen respektieren.** Die Poppendiecks merken auch an, dass man mit engagierten Menschen, die mitdenken, nachhaltige Vorteile erzielt. Das bedeutet, dass wir einen schlanken Ansatz zu Führung und Aufsicht brauchen – das Kernthema des Prozessziels „Teamführung", das sich darauf konzentriert, Teams zu motivieren und zu befähigen, statt sie zu kontrollieren.

7. **Das Ganze optimieren.** Wenn wir eine effektive Lösung wollen, müssen wir das Gesamtbild betrachten. Wir müssen die übergeordneten Geschäftsprozesse verstehen, die ein Wertstrom unterstützt, also Prozesse, die oft mehrere Systeme und Teams betreffen. Wir müssen Programme aus zusammenhängenden Vorhaben managen, damit wir unseren Stakeholdern vollständige Produkte bzw. Dienstleistungen liefern können. Messungen sollten uns sagen, wie gut unsere Lieferung von geschäftlichem Wert ausfällt, und das Team sollte sich auf die Lieferung wertvoller Ergebnisse an seine Stakeholder konzentrieren.

Die Denkweise in Disciplined Agile

Die Denkweise in Disciplined Agile ist in Abbildung 2.1 schematisch dargestellt und wird als Sammlung von Prinzipien, Versprechen und Leitlinien beschrieben. Wir sagen gern, dass wir an diese acht Prinzipien glauben; deshalb versprechen wir uns gegenseitig, dass wir diszipliniert

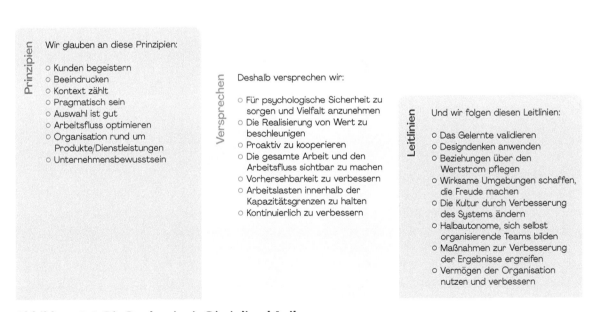

Abbildung 2.1 Die Denkweise in Disciplined Agile.

arbeiten und einer Reihe von Leitlinien folgen, die uns das wirksame Arbeiten ermöglichen.

Wir glauben an diese Prinzipien

Beginnen wir mit den acht Prinzipien, die dem Instrumentarium des disziplinierten agilen Regelwerks (Disciplined Agile, DA) zugrunde liegen. Diese Gedanken sind nicht neu; es gibt eine Fülle von Quellen, aus denen diese Gedanken hervorgegangen sind, so zum Beispiel Alistair Cockburns Arbeit zu „Heart of Agile" [CockburnHeart], „Modern Agile" von Joshua Kerievsky [Kerievsky] und natürlich das vorhin beschriebene *Manifest für agile Softwareentwicklung*. Das DA-Toolkit ist seit jeher eine Mischform guter Strategien und befasst sich schwerpunktmäßig damit, wie alle diese Strategien in der Praxis zusammenpassen. Wir glauben zwar fest an einen wissenschaftlichen Ansatz und an das, was funktioniert, aber in Bezug auf den Weg dorthin sind wir agnostisch. Die DA-Denkweise beginnt mit acht grundlegenden Prinzipien:

* Kunden begeistern
* Beeindrucken
* Kontext zählt
* Pragmatisch sein
* Auswahl ist gut
* Arbeitsfluss optimieren
* Organisation rund um Produkte/Dienstleistungen
* Unternehmensbewusstsein

Prinzip: Kunden begeistern

Kunden sind begeistert, wenn unsere Produkte und Dienstleistungen ihre Bedürfnisse und Erwartungen nicht nur erfüllen, sondern übertreffen. Denken Sie an das letzte Mal, als Sie in einem Hotel eingecheckt haben. Wenn Sie Glück hatten, mussten Sie an der Rezeption nicht warten und Ihr Zimmer war bezugsfertig und in Ordnung, als sie dort ankamen. Sie waren wahrscheinlich mit dem Service zufrieden, aber auch nicht mehr. Stellen Sie sich jetzt vor, dass Sie bei der Ankunft vom Concierge mit Namen begrüßt wurden, dass Ihr Lieblingsknabberzeug im Zimmer auf Sie wartete und dass Sie ein kostenloses Upgrade auf ein Zimmer mit herrlichem Blick bekommen haben – all das, ohne danach zu fragen. Sie wären mehr als zufrieden und höchstwahrscheinlich begeistert. Auch wenn Sie nicht jedes Mal bei der Ankunft in Ihrem Hotel ein Upgrade bekommen, ist es doch eine nette Geste, und Sie werden dieser Hotelkette vermutlich die Treue halten, weil man sich dort so gut um Sie kümmert.

Erfolgreiche Organisationen bieten großartige Produkte und Dienstleistungen, die ihre Kunden begeistern. Design Thinking sagt uns, dass wir unter Berücksichtigung des Kunden bauen, eng mit dem Kunden zusammenarbeiten, in kleinen Inkrementen bauen und dann das Feedback des Kunden einholen sollen, damit wir besser verstehen, was ihn wirklich begeistert. Als disziplinierte Agilisten nehmen wir Änderungen an, weil wir wissen, dass unsere Stakeholder neue Möglichkeiten sehen werden, wenn sie im Rahmen der weiteren Entwicklung der Lage lernen, was sie wirklich wollen. Wir bemühen uns auch, in Erfahrung zu bringen, was unsere Kunden wollen, und uns um unsere Kunden zu kümmern. Es ist viel einfacher, sich um einen bestehenden Kunden zu kümmern, als einen neuen zu gewinnen. Jeff Gothelf und Josh Seiden sagten es so treffend in *Sense & Respond*: „Wer den Gebrauch eines Produkts vereinfachen, die Zeit, die ein Kunde zur Erledigung einer Aufgabe braucht, verkürzen oder die richtigen Informationen im passenden Augenblick liefern kann, hat gewonnen." [SenseRespond].

Prinzip: Beeindrucken

Wer will denn nicht beeindrucken? Wer will denn nicht einem beeindruckenden Team angehören, das beeindruckende Arbeit leistet und für eine beeindruckende Organisation tätig ist? Wir alle wollen das. Unlängst machte Joshua Kerievsky das Konzept populär, dass moderne agile Teams ihre Mitarbeitenden zu beeindruckenden Leuten machen. Es ist daher nicht weiter schwer, sich vorzustellen, dass wir auch beeindruckende Teams und beeindruckende Organisationen wollen. Desgleichen beobachten Mary und Tom Poppendieck, dass man aus engagierten Menschen, die mitdenken, nachhaltige Vorteile erzielt; Richard Sheridan sieht das genauso in *Joy Inc.* [Sheridan]. Leuten zu beeindruckenden Leistungen zu verhelfen ist wichtig, wie Richard Branson von der Virgin Group sagt: „Kümmere dich um deine Mitarbeitenden, und sie werden sich um dein Geschäft kümmern."

Als Einzelpersonen haben wir verschiedene Möglichkeiten, um zu beeindrucken. Vor allem müssen wir so auftreten, dass wir den Respekt und das Vertrauen unserer Kolleginnen und Kollegen verdienen: Zuverlässig, ehrlich, offen, ethisch verantwortungsvoll sein und Mitmenschen mit Respekt behandeln. Zweitens müssen wir bereitwillig mit anderen zusammenarbeiten, auf Anfrage Informationen bereitstellen, auch wenn es sich um laufende Arbeit handelt. Anderen bei Bedarf helfen und – was genauso wichtig ist – selbst um Hilfe bitten. Drittens müssen wir aktiv lernen. Wir sollten danach streben, Meister unseres Handwerks zu werden, und stets nach Gelegenheiten zum Experimentieren und Lernen suchen. Über unser Fachgebiet hinausgehen und den Softwareprozess und das Geschäftsumfeld im Allgemeinen kennen lernen. Wenn wir zu T-förmigen „generalisierten Spezialisten" werden, gelangen wir zu einer höheren Wertschätzung für den Werdegang unserer Mitmenschen und interagieren deshalb effektiver mit ihnen [Agile Modeling]. Viertens müssen wir uns nach Kräften bemühen, unser Team nie zu enttäuschen. Ja, das passiert manchmal, und gute Teams verstehen und vergeben das. Fünftens, sagt Simon Powers [Powers], dass wir bereit für die Verbesserung und Steuerung unserer emotionalen Reaktionen auf schwierige Situationen sein müssen. Innovation erfordert Vielfalt, und vielfältige Meinungen können von ihrem Wesen her emotionale Reaktionen hervorrufen. Wir alle müssen daran arbeiten, dass unsere Arbeitsumgebung psychologisch sicher ist.

Beeindruckende Teams entscheiden sich auch dafür, Qualität von Anfang an mit einzubauen. Lean sagt uns, dass wir Qualitätsprobleme und die Arbeitsweise, die sie verursacht hat, beheben müssen. Statt zu debattieren, welche Softwarefehler wir später regeln können, wollen wir lernen, wie wir sie von vornherein vermeiden. Auf unserem Weg dorthin folgen wir diesem Arbeitsschema: Wir leisten etwas Arbeit, validieren sie, beheben etwaige Probleme, die wir entdecken, und dann geht es in die nächste Iteration. Das Agile Manifest stellt unmissverständlich klar, dass ständiges Augenmerk auf technische Exzellenz und gutes Design Agilität fördern [Manifesto].

Leitende Führungskräfte in unserer Organisation können die Belegschaft befähigen, zu beeindruckenden Einzelpersonen in beeindruckenden Teams zu werden, wenn sie ihnen die Befugnis und notwendigen Ressourcen zur Erledigung ihrer Arbeit geben, wenn sie eine sichere Kultur und Umgebung schaffen (siehe nächstes Prinzip) und sie zu Höchstleistungen motivieren. Leute werden motiviert, wenn man sie selbständig arbeiten lässt und ihnen Gelegenheiten gibt, ihr Handwerk zu beherrschen und etwas Sinnhaftes zu tun [Pink]. Was hätten Sie lieber: eine motivierte oder eine demotivierte Belegschaft?[1]

---

[1] Wenn Sie glauben, dass zufriedene Mitarbeiter:innen teuer sind, warten Sie, bis Sie es mit unzufriedenen Mitarbeiter:innen zu tun haben!

Prinzip: Kontext zählt

Jede Person ist einzigartig, besitzt ihre eigenen Kenntnisse, Vorlieben für einen Arbeitsstil, Karriereziele und Lernstile. Jedes Team ist einzigartig, nicht nur, weil es aus einzigartigen Menschen besteht, sondern weil es sich in einer einzigartigen Situation befindet. Unsere Organisation ist auch einzigartig, auch wenn andere Organisationen auf demselben Markt tätig sind wie wir. Zum Beispiel bauen Autohersteller wie Ford, Audi und Tesla alle dieselbe Produktkategorie, aber man wird ohne Schwierigkeiten behaupten können, dass es sich um höchst unterschiedliche Unternehmen handelt. Diese Beobachtungen – dass Menschen, Teams und Organisation einzigartig sind – führten uns zum entscheidenden Gedanken, dass unser Prozess und unsere Organisationsstruktur an die gegenwärtige Situation angepasst werden müssen. Mit anderen Worten: Kontext zählt.

Abbildung 2.2 beruht auf dem Situation Context Framework (SCF) [SCF] und zeigt, dass es mehrere Kontextfaktoren gibt, die Einfluss darauf haben, wie ein Team seinen WoW wählt. Diese Faktoren sind in zwei Kategorien gegliedert: Faktoren, die großen Einfluss auf unsere Wahl des Lebenszyklus haben (mehr dazu in Kapitel 6), und Faktoren, die unsere Wahl der Praktiken/Strategien motivieren. Die Faktoren zur Wahl der Praktiken/Strategien sind ein übergeordneter Satz der Faktoren zur Lebenszykluswahl. Ein achtköpfiges Team, das in einem gemeinsamen Teamraum an einem sehr komplexen Domänenproblem in einer überlebenskritischen regulierten Situation arbeitet, organisiert sich zum Beispiel anders und wird andere Praktiken wählen als ein Team mit 50 Leuten, die über das gesamte Firmengelände verteilt sind und an einem komplexen Problem in einer nicht-regulierten Situation arbeitet. Obwohl diese beiden Teams vielleicht für dasselbe Unternehmen arbeiten, könnten sie völlig unterschiedliche Arbeitsweisen wählen.

Abbildung 2.2 lässt mehrere interessante Schlussfolgerungen zu. Erstens, je weiter rechts man bei den einzelnen Auswahlfaktoren liegt, umso größer ist das Risiko für das Team. Outsourcing ist zum Beispiel viel riskanter als der Aufbau unseres eigenen internen Teams. Ein Team mit weniger Kenntnissen ist riskanter als ein äußerst erfahrenes Team. Ein großes Team birgt viel mehr Risiken als ein kleines Team. Eine überlebenskritische regulierte Situation bedeutet mehr Risiko als eine finanzkritische Situation, die wiederum riskanter ist als das völlige Fehlen von Regulierung. Zweitens müssen wir Teams Auswahlmöglichkeiten zur effektiven Anpassung ihres Ansatzes geben, weil Teams in unterschiedlichen Situationen eine Arbeitsweise wählen müssen, die für ihre Situation geeignet ist. Drittens müssen alle, die mit mehreren Teams zu tun haben, so flexibel sein, dass sie mit jedem dieser Teams in geeigneter Weise zusammenarbeiten können. So sieht zum Beispiel die Führung und Aufsicht für ein kleines, an einem Standort konzentriertes überlebenskritisches Team anders aus als für das mittelgroße Team, das über das gesamte Gelände verteilt ist. Desgleichen wird die Kooperation eines Enterprise Architect (EA), der beide Teams unterstützt, jeweils anders aussehen.

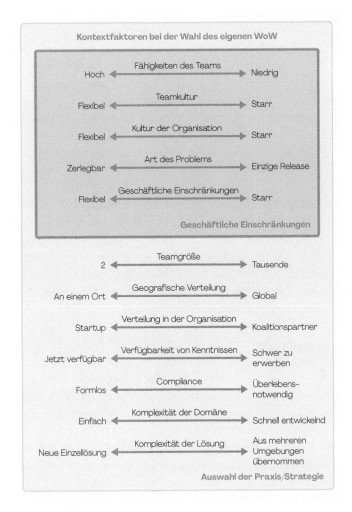

Abbildung 2.2 Kontextfaktoren, die die Wahl des WoW beeinflussen.

Scrum liefert eine Anleitung für die agile Lieferung von Wert, die einmal als solide galt, wird offiziell aber nur in einer 19-seitigen Broschüre beschrieben [ScrumGuide]. Disciplined Agile hat erkannt, dass die Komplexität in Unternehmen weitaus mehr Anleitung verlangt, und bietet deshalb ein umfassendes Nachschlagewerk, damit wir unseren agilen Ansatz direkt und unkompliziert anpassen können. Es ist gut, wenn wir unseren Ansatz mit einer Auswahl von mehreren Möglichkeiten an unseren Kontext anpassen können, statt uns auf den Standard einer Methode oder eines Regelwerks zu beschränken; wir werden diesen Aspekt an anderer Stelle weiter beleuchten.

Prinzip: Pragmatisch sein

Viele Agilisten sind ziemlich fanatisch, wenn es um die strenge Befolgung bestimmter Methoden geht. Wir haben in der Tat vielerorts gehört, dass man 5-9 Personen in einem Raum braucht und der Produktverantwortliche stets anwesend sein muss, damit man „agil richtig macht". Das Team sollte nicht von Außenstehenden gestört werden und sich 100-prozentig auf das Projekt konzentrieren. In vielen etablierten Unternehmen herrschen diese Idealbedingungen jedoch nur selten. In Wirklichkeit ist die Situation oftmals alles andere als optimal – weit verstreute Teams, große Teams, Outsourcing, Koordination mehrerer Teams sowie die nur zeitweilige Verfügbarkeit von Stakeholdern.

DA trägt dieser Wirklichkeit Rechnung, und statt in diesen Situationen zu sagen: „Agil geht nicht", sagen wir: „Lasst uns pragmatisch sein und versuchen, so effektiv wie möglich zu sein." Statt „best practices" vorzuschreiben, bietet DA Strategien zur Maximierung des Nutzens von Agil, obwohl gewisse notwendige Kompromisse eingegangen werden. Insofern ist DA pragmatisch in seiner Anleitung, nicht puristisch. DA stellt Leitplanken zur Erleichterung von Prozessentscheidungen auf, aber keine starren Regeln, die in unserem speziellen Kontext vielleicht nicht einmal angewendet werden können.

Prinzip: Auswahl ist gut

Nehmen wir an, dass unsere Organisation mehrere Teams hat, die in den verschiedensten Situationen arbeiten; abgesehen von den allerkleinsten Firmen ist das schließlich die Norm. Wie definieren wir einen Prozess, der auf jede einzelne Situation angewendet werden kann und die gesamte Bandbreite der Probleme eines jeden Teams abdeckt? Wie können wir ihn aktualisieren, während jedes Team seinen Ansatz lernt und weiterentwickelt? Die Antwort lautet: Das ist unmöglich. Die Dokumentation eines solchen Prozesses ist exponentiell teuer. Aber bedeutet das, dass wir allen denselben präskriptiven Prozess auferlegen müssen? Das würde nur zu Prozess-Dissonanz in unseren Teams führen und ihre Fähigkeit zum wirksamen Arbeiten mindern; zugleich steigen damit die Chancen, dass die Teams Ressourcen in den Anschein investieren, dass sie dem Prozess folgen, obwohl das in Wirklichkeit gar nicht der Fall ist. Heißt das dann, dass wir einfach „freie Prozesswahl für alle" haben und unseren Teams sagen, sie sollen sich selbst um eine Lösung kümmern? Das kann zwar funktionieren, ist aber in der Praxis meist sehr teuer und zeitaufwendig. Selbst mit Coaching ist jedes Team gezwungen, die Praktiken und Strategien selbst zu erfinden oder zu entdecken, die es bereits seit Jahren und bisweilen seit Jahrzehnten gibt.

Die Entwicklung neuer Produkte, Dienstleistungen und Software ist ein komplexes Unterfangen. Das bedeutet, dass wir nie mit Sicherheit wissen können, was als Nächstes passiert. Tätigkeiten werden auf vielen Ebenen gleichzeitig ausgeführt, und es ist schwer zu erkennen, wie die einzelnen Tätigkeiten jeweils mit den anderen zusammenhängen. Systeme sind ganzheitlich und können nicht verstanden werden, wenn man nur ihre Bestandteile betrachtet. Vielmehr muss man auf die Wechselbeziehungen der Systembestandteile untereinander achten. Nehmen wir zum Beispiel ein Auto. Autos bestehen aus vielen Bauteilen, aber beim Auto geht es auch darum, in welchen Wechselbeziehungen die Bauteile des Autos zueinander stehen. Wenn man zum Beispiel einen größeren Motor in ein Auto einbaut, verliert das Auto vielleicht an Stabilität, weil das Chassis nicht dafür ausgelegt ist, oder es könnte sogar gefährlich werden, wenn die Bremsen nicht mehr ausreichen.

Wenn wir Verbesserungen an unserer Arbeitsweise vornehmen, müssen wir folgende Aspekte berücksichtigen:

- Wie Menschen miteinander interagieren;
- Wie die Arbeit in einem Bereich des Systems die Arbeit in anderen Bereichen beeinflusst;
- Wie Menschen lernen; und
- Wie Menschen im System mit Menschen außerhalb des Systems interagieren.

Diese Wechselbeziehungen sind in jeder Organisation einmalig. Das Prinzip „Kontext zählt" bedeutet, dass wir intelligente Entscheidungen auf der Grundlage unserer Situation treffen müssen. Aber wie? Wir begreifen zunächst, dass wir die beste Arbeitsweise nicht von vornherein zu bestimmen versuchen, sondern vielmehr eine Reihe von Schritten ausarbeiten, die entweder Verbesserungen unserer gegenwärtigen Arbeitsweise darstellen oder neue Erkenntnisse bringen, die die Wahrscheinlichkeit einer Verbesserung für das nächste Mal erhöhen.

Jeder Schritt in dieser Reihe ist als Hypothese dargestellt, d. h. als Annahme, dass er zu einer Verbesserung führt, wenn wir ihn umsetzen können. Wenn sich die Verbesserung einstellt, freuen wir uns und können den nächsten Schritt ausführen. Wenn nicht, gilt es, die Gründe dafür zu untersuchen. Unsere Bemühungen sollten entweder zu Verbesserung oder Lernerfahrung führen, was dann den nächsten Verbesserungsschritt einleitet. Wir können das als wissenschaftlichen Ansatz betrachten, weil wir Maßnahmen austesten und dann validieren. Gründe dafür sind vielleicht, dass wir die falsche Maßnahme ergriffen haben, dass sie nicht angenommen wurde oder dass sie jenseits unserer Fähigkeiten lag.

Nehmen wir folgendes Beispiel. Angenommen, wir stellen fest, dass unsere Leute vieles gleichzeitig erledigen. Dieses Multitasking entsteht in der Regel dann, wenn Leute an zu vielen Aufgaben arbeiten, die sie nicht schnell fertigstellen können. Das führt dazu, dass sie von einer Aufgabe zur nächsten wechseln und Verzögerungen in ihrem eigenen Arbeitsfluss und der Arbeit ihres Umfelds erzeugen, das von ihnen abhängig ist. Wie man diesem Multitasking Einhalt gebietet, hängt von den Ursachen ab. Diese Ursachen sind oft klar oder leicht zu erkennen. Selbst in Zweifelsfällen lassen sich oft gute Ergebnisse oder Erkenntnisse erzielen, wenn man etwas ausprobiert, das in ähnlichen Situationen funktioniert hat. Der Hauptaspekt von DA liegt darin, dass wir die für unsere Situation passenden Praktiken einsetzen; dafür müssen wir aber wissen, welche Praktiken uns zur Auswahl stehen.

Verschiedene Zusammenhänge erfordern unterschiedliche Strategien. Teams müssen Verantwortung für ihren eigenen Prozesse übernehmen und experimentieren können, damit sie sehen, was in ihrer jeweiligen Situation in der Praxis funktioniert. Wie wir in Kapitel 1 gelernt haben, bietet DAD Teams sechs Lebenszyklen zur Auswahl sowie 24 Prozessziele, die uns zur Auswahl der für die Situation geeigneten Praktiken/Strategien für unser Team führen. Zugegeben, dieser Ansatz wirkt am Anfang ein wenig kompliziert, erweist sich aber als verständliche Strategie, mit der die Komplexitäten angegangen werden können, denen die mit der Lieferung von Lösungen beauftragten Teams ausgesetzt sind. Stellen Sie sich DAD und DA im Allgemeinen als das Gerüst vor, das unsere Bemühungen zur Wahl und Weiterentwicklung unseres WoW stützt.

36   Wählen Sie Ihren WoW!

Diese auswahlgetriebene Strategie ist ein Mittelweg. An einem Ende haben wir Methoden mit Vorschriftcharakter, die ihre Existenzberechtigung haben, wie Scrum, Extreme Programming (XP) und SAFe®, die uns vorschreiben, wie wir etwas zu tun haben. Unabhängig von den Behauptungen der Gegner funktionieren diese Methoden/Regelwerke in manchen Situationen ziemlich gut, und solange wir uns in der betreffenden Situation befinden, funktionieren sie auch für uns. Wenn wir uns aber nicht in einer für die Methode passenden Situation befinden, schadet sie womöglich mehr als dass sie uns nützt. Am anderen Ende ist die eigenständige Entwicklung von Methoden, d. h. die Betrachtung unserer Herausforderungen, die Ausarbeitung neuer Praktiken auf der Grundlage von Prinzipien und das Experimentieren und Lernen im Lauf unserer Arbeit. So haben die Methoden[2], laut denen wir bei unserer Arbeit experimentieren und lernen müssen, ihren Ansatz entwickelt. Das funktioniert in der Praxis gut, kann aber sehr teuer und zeitaufwendig sein und zu erheblichen Unvereinbarkeiten zwischen Teams führen, was dann den gesamten Organisationsprozess behindert. Spotify® hatte den Luxus, den eigenen Prozess im Kontext eines Produktunternehmens, einer gemeinsamen Architektur, ohne Technical Debt und in einer Kultur weiterzuentwickeln, die es nicht ändern musste, sondern ausweiten konnte – ganz zu schweigen von mehreren firmeninternen Experten. DA ist zwischen diesen beiden Extremen anzusiedeln; mit diesem prozesszielgetriebenen Ansatz sorgt es für Prozessgemeinsamkeit unter den Teams, die auf der Organisationsebene notwendig ist, bietet den Teams jedoch flexible und verständliche Anleitung, die für die Anpassung und Weiterentwicklung ihrer internen Prozesse gebraucht wird, damit sie den Kontext ihrer jeweiligen Situation aufgreifen. Teams können aus bekannten Strategien vielversprechende Optionen auswählen, mit denen sie dann experimentieren; dadurch erhöhen sie die Wahrscheinlichkeit, dass sie etwas für sie Passendes finden, das in der Praxis funktioniert. Der Ansatz macht zumindest deutlich, dass die Teams Wahlmöglichkeiten haben, dass es mehr als den einen von präskriptiven Methoden vorgeschriebenen Weg gibt.

Leute sind oft überrascht, wenn wir sagen, dass so bekannte Methoden wie Scrum und Extreme Programming (XP) Vorschriftcharakter besitzen, aber so ist nun einmal. Scrum schreibt ein Daily Standup Meeting (ein Scrum) von höchstens 15 Minuten vor, an dem alle Teammitglieder teilnehmen müssen; des Weiteren müssen Teams am Ende einer jeden Iteration (Sprint) eine Retrospektive abhalten, und das Team sollte nicht mehr als neun Mitglieder zählen. Extreme Programming schreibt Paarprogrammierung (zwei Leute teilen sich eine Tastatur) und testgetriebene Entwicklung vor; beide Praktiken sind im richtigen Kontext natürlich sehr gut. Wir wollen hier nicht sagen, dass Vorschriften schlecht sind, wir weisen nur darauf hin, dass es sie gibt.

Mit dem Ziel, Möglichkeiten zur Auswahl der Arbeitsweise (Way of Working, WoW) bereitzustellen, sammelte DA Strategien aus vielen verschiedenen Quellen und stellte sie in einen Zusammenhang. Ein wichtiger Nebeneffekt dieser Vorgehensweise lag darin, dass wir schnell zu einem agnostischen Ansatz gezwungen wurden.

---

[2] Spotify ist wie andere Methoden eine wunderbare Quelle für potenzielle Ideen, die wir in DA genutzt haben. Wir finden vor allem ihren experimentellen Ansatz zur Prozessverbesserung nützlich, den wir in Versuche unter Anleitung weiterentwickelt haben (Kapitel 1). Leider versuchen viele Organisationen, die Spotify-Methode wortwörtlich zu übernehmen – genau das, wovon die Leute von Spotify abraten. Die Spotify-Methode hat in ihrem Kontext vor ein paar Jahren hervorragend funktioniert. Sie sagen ganz klar, dass die Nachahmung dessen, was sie damals gemacht haben, nicht zum heutigen Spotify führt. Unser Kontext ist anders, selbst wenn wir zufälligerweise ein schwedisches Online-Musikunternehmen wären.

In DA kombinieren wir Strategien aus Methoden, Regelwerken, Wissensschätzen, Büchern, unseren praktischen Erfahrungen mit der Unterstützung von Organisationen bei ihrer Optimierung und vielen anderen Quellen. Diese Quellen verwenden unterschiedliche Terminologie, überschneiden sich manchmal, unterscheiden sich in Inhalt und Umfang, beruhen auf unterschiedlichen Denkweisen und widersprechen sich offen gesagt häufig. Kapitel 3 schildert eingehender, inwiefern DA einen gemischten Werkzeugsatz für agnostische Ratschläge zu Prozessen darstellt. Wie weiter oben beschrieben, sollten Führungskräfte im Interesse von möglichst schnellem Lernen und Verbessern schon früh Experimente anregen. Wir vertreten jedoch den Standpunkt, dass wir unter Heranziehung der bewährten Strategien in Disciplined Agile bessere Entscheidungen für unseren Kontext treffen und die Prozessverbesserung beschleunigen, weil wir weniger scheitern. Bessere Entscheidungen führen schneller zu besseren Ergebnissen.

Prinzip: Arbeitsfluss optimieren

Obwohl Agil in vieler Hinsicht aus der Lean Denkweise hervorgegangen ist, scheinen die Arbeitsflussprinzipien über beide hinauszugehen. Don Reinertsen schlägt in *Principles of Product Development Flow: 2nd Edition* [Reinertsen] mehr direkte Maßnahmen vor, die wir zur schnelleren Realisierung von Wert ergreifen können. Wenn Teams den Fluss von Wert betrachten, können sie ihre Zusammenarbeit so gestalten, dass sie die Wertströme der Organisation wirksam umsetzen. Obwohl jedes Team vielleicht nur ein einzelner Teil des Wertstroms ist, kann es auf eine mögliche Übereinstimmung mit anderen achten, um die Realisierung von Wert zu maximieren.

Das bedeutet, dass wir als Organisation unseren allgemeinen Arbeitsfluss optimieren müssen. DA unterstützt dazu Strategien aus Agil, Lean und Flow:

1. **Das Ganze optimieren.** DA-Teams arbeiten „unternehmensbewusst". Sie verstehen, dass ihr Team eines unter vielen in der Organisation ist und demzufolge bei seiner Arbeitsweise das Wohl der Organisation insgesamt und nicht nur die eigene Bequemlichkeit berücksichtigen sollte. Insbesondere streben sie, wie die Grundregeln von „Lean" vorgeben, eine Verschlankung des gesamten Prozesses an, um das Ganze zu optimieren. Dazu gehört es, Wege zur Verkürzung der Gesamtfertigstellungszeit zu finden – die Gesamtdauer von Anfang bis Ende des Prozesses, mit dem Wert für einen Kunden erzeugt wird [Reinertsen].
2. **Messen, was zählt.** Reinertsens Ermahnung: „Wenn man nur einen Aspekt quantifiziert, dann die Kosten der Verzögerung", bietet eine organisationsübergreifende Sicht auf das, was optimiert werden muss. „Kosten der Verzögerung" sind die Werteinbußen, die ein Unternehmen infolge der Verspätung eines Produkts erleidet. Als Organisation oder als Wertstrom innerhalb einer Organisation und selbst auf Teamebene gibt es Ergebnisse, die wir erreichen wollen. Manche dieser Ergebnisse sind kundenorientiert und andere auf Verbesserung ausgerichtet (was oft aus der Verbesserung kundenorientierter Ergebnisse hervorgeht). Unsere Messwerte sollten uns bei der Verbesserung von Ergebnissen oder unserer Fähigkeit zur Lieferung besserer Ergebnisse helfen.

3. **Kontinuierliche Lieferung kleiner Arbeitseinheiten in nachhaltigem Tempo.** Kleine Arbeitseinheiten führen nicht nur zu schnellerem Feedback, sondern helfen uns auch zu vermeiden, dass Gegenstände von geringerem Wert gebaut werden, die oft in ein Projekt hineingeworfen werden. Dr. Goldratt, der Erschaffer der Engpasstheorie (Theory of Constraints, ToC), sagte einmal: „Oft reicht die Verkleinerung der Größe der Arbeitseinheiten aus, um ein System wieder unter Kontrolle zu bringen" [Goldratt]. Mithilfe der häufigen Lieferung verwertbarer Lösungen können wir anpassen, was wirklich gebraucht wird, und den Bau nutzloser Liefergegenstände vermeiden. Unter „verwertbar" verstehen wir hier nützlich, wünschenswert und funktionstüchtig (der Liefergegenstand erfüllt die Bedürfnisse seiner Stakeholder). „Lösung" bezieht sich unter anderem auf Software, Hardware, Änderungen an einem Geschäftsprozess, Änderungen an der Organisationsstruktur der Lösungsbenutzer und natürlich auf die zugrunde liegende Dokumentation.

4. **Verzögerungen durch Managen der Warteschlangen beheben.** Wenn wir Warteschlangen (die Arbeit, die auf ihre Erledigung wartet) managen, können wir Engpässe identifizieren und sie nach den Konzepten von Lean, Engpasstheorie und Kanban auflösen. Damit werden Verzögerungen im Arbeitsfluss beseitigt, die zusätzliche Arbeit erzeugen.

5. **Kontinuierliche Verbesserung.** Die Optimierung des Arbeitsflusses erfordert kontinuierliches Lernen und Verbessern. Das Prozessziel Weiterentwicklung des WoW erfasst Strategien zur Verbesserung des Arbeitsumfelds unseres Teams, unseres Prozesses und unserer Infrastruktur zur Werkzeugbereitstellung im Lauf der Zeit. Die Wahl unseres WoW erfolgt kontinuierlich. Dieses Lernen betrifft nicht nur unsere Arbeitsweise, sondern auch den Gegenstand unserer Arbeit. Die wichtigste Folge der Arbeit von Eric Ries in „Lean Startup" ist vermutlich die allgemeinere Verbreitung der experimentellen Denkweise – die Anwendung grundlegender Konzepte der wissenschaftlichen Methode auf das Geschäft. Diese Denkweise kann auf die Prozessverbesserung nach der Strategie der geführten kontinuierlichen Verbesserung (Guided continuous improvement, GCI) angewandt werden, die in Kapitel 1 beschrieben wurde. Die Validierung des Gelernten ist eine Leitlinie in der Denkweise des disziplinierten agilen Regelwerks (DA). Kontinuierliche Verbesserung ist auch eines der Versprechen, die disziplinierte Agilisten einander geben (siehe unten).

6. **Bevorzugung langlebiger, engagierter Produktteams.** Ein sehr häufiger Trend in der agilen Welt ist die Bewegung weg von Projektteams und hin zu funktionsübergreifenden Produktteams. Damit kommen wir zum nächsten Prinzip: Organisation rund um Produkte/Dienstleistungen.

Prinzip: Organisation rund um Produkte/Dienstleistungen

Es gibt mehrere Gründe, warum die Organisation rund um Produkte und Dienstleistungen oder, einfacher gesagt, rund um das Angebot, das wir unseren Kunden unterbreiten, entscheidend ist. Damit meinen wir, dass wir nicht rund um Arbeitsfunktionen organisieren, also etwa eine Vertriebsgruppe, eine Gruppe für betriebswirtschaftliche Analysen, eine Gruppe für Datenanalysen, eine Lieferantenmanagement- und eine Projektmanagementgruppe usw. Das Problem damit sind der Overhead und die Zeit, die für das Management der Arbeit über diese verschiedenen Teams hinweg und die Angleichung der unterschiedlichen Prioritäten dieser Teams aufgewendet werden müssen. Wir bilden statt dessen spezifische Teams, die sich auf die Lieferung eines Angebots für einen oder mehrere Kunden konzentrieren. Diese Teams sind insofern funktionsübergreifend, als sie Mitglieder mit Kenntnissen im Verkauf, in betriebswirtschaftlicher Analyse, im Management usw. umfassen.

Die Organisation rund um Produkte/Dienstleistungen ermöglicht uns die Identifizierung und Optimierung der Arbeitsflüsse, die zählen: die Wertströme. Wir werden feststellen, dass eine Sammlung verwandter Angebote den gleichen Wertstrom nutzt, den wir unseren Kunden bieten; und dieser Wertstrom wird von den gesammelten Teams für diese Angebote umgesetzt. Die Wertstrom-Schicht im DA-Toolkit, die vom Lebenszyklus DA FLEX erfasst wird, wurde in Kapitel 1 beschrieben.

Die Organisation rund um Produkte/Dienstleistungen erlaubt uns die laserscharfe Konzentration darauf, unsere Kunden zu begeistern. Stephen Denning spricht hier vom „Gesetz des Kunden" und dass sich alle leidenschaftlich und konzentriert auf die Schaffung von Mehrwert für ihre Kunden einsetzen müssen [Denning]. Im Idealfall handelt es sich dabei um externe Kunden – die Personen oder Organisationen, deren Bedienung die Existenzgrundlage unserer Organisation bildet. Manchmal aber handelt es sich auch um interne Kunden, andere Gruppen oder Personen, mit denen wir zusammenarbeiten, damit sie ihre Kunden wirkungsvoller bedienen können.

Die Industrie hat herausgefunden, dass innerhalb eines Wertstroms spezifische, funktionsübergreifende Produktteams, die über lange Zeit Bestand haben, in der Praxis am effektivsten sind [Kersten]. Nichtsdestotrotz wird es auch immer projektbasierte Arbeit geben. Kapitel 6 zeigt, dass DA Lebenszyklen unterstützt, die für Projektteams ebenso wie für spezifische Produktteams geeignet sind. Denken Sie stets daran: Auswahl ist gut.

Prinzip: Unternehmensbewusstsein

Unternehmensbewusste Menschen sind motiviert, die allgemeinen Bedürfnisse ihrer Organisation zu berücksichtigen, darauf zu achten, dass ihre Arbeit einen positiven Beitrag zu den Zielen der Organisation und nicht nur zu den untergeordneten Zielen ihres Teams leistet. Das ist ein Beispiel, wie das Lean Prinzip das Ganze optimiert. In diesem Fall ist „das Ganze" die Organisation oder zumindest der Wertstrom, statt der örtlich begrenzten Optimierung auf Teamebene.

Unternehmensbewusstsein sorgt auf vielfältige und bedeutsame Art für eine positive Verhaltensänderung. Erstens besteht eine höhere Wahrscheinlichkeit, dass Leute eng mit Unternehmensfachleuten zusammenarbeiten und ihren Rat einholen. Diese Leute – z. B. Enterprise Architects, Produktmanager:innen, Finanzfachleute, Buchprüfer:innen und gehobene Führungskräfte – sind für die kaufmännischen und technischen Strategien unserer Organisation und für die Weiterentwicklung der allgemeinen Vision unserer Organisation verantwortlich. Zweitens besteht eine höhere Wahrscheinlichkeit, dass unternehmensbewusste Personen die in der Organisation vorhandenen Vermögenswerte (wie Daten, Code und bewährte Muster oder Verfahren) nutzen und weiterentwickeln und dazu mit den für diese Vermögenswerte verantwortlichen Personen zusammenarbeiten. Drittens ist die Wahrscheinlichkeit größer, dass sie allgemeine Leitlinien übernehmen und befolgen und bei Bedarf anpassen, sodass sie die Einheitlichkeit und Qualität insgesamt steigern. Viertens besteht eine größere Wahrscheinlichkeit, dass diese Personen ihre Erfahrungen mit anderen Teams austauschen und damit die Verbesserungsarbeit der Organisation insgesamt beschleunigen. Eines der Prozessblätter von DA, die kontinuierliche Verbesserung, konzentriert sich denn auch darauf, den gegenseitigen Erfahrungsaustausch zu erleichtern. Fünftens ist die Wahrscheinlichkeit höher, dass unternehmensbewusste Personen zu einer transparenten Arbeitsweise bereit sind, solange sie auf Gegenseitigkeit beruht.

Es besteht jedoch auch das Potenzial für negative Folgen. Manche Menschen vertreten die Ansicht, dass Unternehmensbewusstsein von den Teams absolute Einheitlichkeit und Prozesstreue verlangt; sie begreifen aber nicht, dass Kontext zählt und dass jedes Team seine eigenen Prozessentscheidungen fällen muss (innerhalb gewisser Grenzen, den sogenannten „Leitplanken"). Unternehmensbewusstsein führt bei manchen Leuten zu einer „Analyselähmung", das heißt, sie sind unfähig, eine Entscheidung zu treffen, weil sie von der Komplexität der Organisation überwältigt sind.

Unsere Versprechen

Weil disziplinierte Agilisten an die Prinzipien von DA glauben, versprechen sie, Verhaltensweisen anzunehmen, die ihnen eine effektivere Arbeit innerhalb ihres Teams und auch mit anderen erlauben. Diese Versprechen sollen in der Praxis synergistisch sein und haben untereinander positive Feedbackzyklen. Die Versprechen der DA-Denkweise im Einzelnen:

- Für psychologische Sicherheit sorgen und Vielfalt annehmen.
- Die Realisierung von Wert beschleunigen.
- Kooperation aus eigenem Antrieb.
- Die gesamte Arbeit und den Arbeitsfluss sichtbar machen.
- Vorhersehbarkeit verbessern.
- Arbeitslasten innerhalb der Kapazitätsgrenzen halten.
- Kontinuierliche Verbesserung.

Versprechen: Für psychologische Sicherheit sorgen und Vielfalt annehmen

Psychologische Sicherheit bedeutet, dass man sich selbst ohne Angst vor negativen Folgen für Status, Karriere oder Selbstwert zeigen und betätigen kann – wir sollten uns bei unserer Arbeit in unserer Haut wohl fühlen. Laut einer Studie, die 2015 bei Google durchgeführt wurde, zeichnen sich erfolgreiche Teams durch folgende Aspekte aus: psychologische Sicherheit der Mitglieder, die Teammitglieder können sich aufeinander verlassen, es herrscht Struktur und Klarheit in Bezug auf Rollen und Aufgaben und die Leute leisten eine für sie sinnvolle und wirkungsvolle Arbeit [Google].

Psychologische Sicherheit geht mit Vielfalt einher, worunter die Erkenntnis zu verstehen ist, dass jede Person einzigartig ist und auf unterschiedliche Weise Wert beitragen kann. Die Dimensionen der persönlichen Einzigartigkeit sind insbesondere Migrationshintergrund und Ethnie, Geschlecht, sexuelle Orientierung, Agilität, körperliche Fähigkeiten, sozio-ökonomischer Status, religiöse und politische Überzeugungen sowie andere ideologische Überzeugungen. Vielfalt ist für den Erfolg eines Teams entscheidend, weil sie mehr Innovation ermöglicht. Je vielfältiger unser Team, umso besser werden unsere Ideen und unsere Arbeit ausfallen und umso mehr werden wir voneinander lernen.

Es gibt mehrere Strategien, die uns die Förderung von psychologischer Sicherheit und Vielfalt in einem Team ermöglichen:

1. **Respekt zeigen.** Jede Person ist anders, hat andere Erfahrungen und andere Vorlieben. Niemand von uns ist die klügste Person im Raum. Respektieren Sie, was andere wissen und wir nicht, und erkennen Sie an, dass sie eine andere und wichtige Sichtweise haben.
2. **Bescheiden sein.** Bescheidenheit ist in vieler Hinsicht der Schlüssel zu Lernbereitschaft und Respekt.
3. **Ethisch und vertrauenswürdig sein.** Wer uns vertraut, wird sich in der Zusammenarbeit und in den Beziehungen zu uns sicherer fühlen. Vertrauen entsteht im Lauf der Zeit durch eine Reihe von Handlungen und kann im Nu durch eine einzige Handlung zerstört werden.
4. **Scheitern muss gefahrlos sein.** In der agilen Welt gibt es den einprägsamen Begriff vom „schnellen Scheitern". Wir ziehen den Rat von Al Shalloway vor: „Scheitern muss gefahrlos sein, damit man schnell lernen kann." Dahinter steckt der Gedanke, dass man sich trauen sollte, etwas zu wagen, auch wenn es vielleicht schief geht. Aber der Fokus sollte auf gefahrlosem und schnellem Lernen liegen. „Gefahrlos" bezieht sich hier sowohl auf die psychologische Sicherheit als auch auf die Sicherheit unserer Arbeit. Wie wir in Kapitel 1 gelernt haben, zielt die geführte kontinuierliche Verbesserung (Guided continuous improvement, GCI) darauf ab, neue Arbeitsweisen (Way of Working, WoW) in der Erwartung auszuprobieren, dass sie für uns funktionieren; gleichzeitig sind wir aber auch darauf vorbereitet, aus unserem Experiment zu lernen, wenn es scheitert.

Versprechen: Die Realisierung von Wert beschleunigen

Eine wichtige Frage lautet: Was ist Wert? Agilisten konzentrieren sich in der Regel auf den Wert für den Kunden – etwas, das dem Endkunden nützt, der das Produkt oder die Dienstleistung konsumiert, an deren Bereitstellung unser Team beteiligt ist. Das ist definitiv wichtig, aber in Disciplined Agile machen wir sehr deutlich, dass Teams eine Reihe von Stakeholdern haben, auch externe Endkunden. Sollten wir ihnen nicht auch Wert bereitstellen?

Mark Schwartz unterscheidet in *The Art of Business Value* zwischen zwei Arten von Wert: Kundenwert und geschäftlicher Wert [Schwartz]. Geschäftlicher Wert befasst sich mit dem Umstand, dass manche Dinge einen Nutzen für unsere Organisation bedeuten, für unsere Kunden vielleicht aber nur indirekt nützlich sind. Investitionen in Unternehmensarchitektur, wiederverwendbare Infrastruktur und das Teilen von Innovationen in der gesamten Organisation besitzen zum Beispiel das Potenzial, Einheitlichkeit, Qualität und Zuverlässigkeit zu verbessern und die Kosten langfristig zu senken. Diese Aspekte sind für unsere Organisation sehr wertvoll, haben aber nur wenig direkten Einfluss auf den Kundenwert. Dennoch ist diese Art von unternehmensbewusstem Arbeiten eindeutig sehr klug.

Es gibt mehrere Möglichkeiten, wie wir die Realisierung von Wert beschleunigen können:

1. **An kleinen Objekten von hohem Wert arbeiten.** Wenn wir am jetzt wertvollsten Objekt arbeiten, erhöhen wir die Gesamtrendite (Return of Investment, ROI) unserer Bemühungen. Wenn wir an kleinen Objekten arbeiten und sie schnell freigeben, senken wir die Gesamtkosten von Verzögerungen und unseres Feedbackzyklus, weil wir unsere Arbeit schnell an unsere Stakeholder übergeben. Diese Strategie wird in der agilen Welt häufig befolgt und kann als einer der Eckpfeiler von
Agil bezeichnet werden.
2. **Vorhandene Vermögenswerte wiederverwenden.** Unsere Organisation besitzt vermutlich eine Menge toller Sachen, die wir nutzen können, wie Werkzeuge, Systeme, Datenquellen, Standards und vieles andere. Aber wir müssen uns bewusst entscheiden, danach zu suchen; wir brauchen Unterstützung, damit wir auf sie zugreifen und uns darüber informieren können, und wir müssen vielleicht ein paar Verbesserungen anbringen, damit dieses Vermögen für unsere Situation geeignet ist. Eine der Leitlinien der DA-Denkweise, die weiter unten in diesem Kapitel beschrieben wird, ist die Nutzung und Verbesserung des Organisationsvermögens.
3. **Mit anderen Teams zusammenarbeiten.** In Zusammenarbeit mit anderen lässt sich die Realisierung von Wert einfach beschleunigen. Denken Sie an die alte Redewendung: Viele Hände machen der Arbeit bald ein Ende.

Versprechen: Kooperation aus eigenem Antrieb

Disziplinierte Agilisten bemühen sich, dem Ganzen Wert hinzuzufügen, nicht nur ihrer eigenen Arbeit oder der Arbeit ihres Teams. Das bedeutet, dass wir sowohl in unserem Team als auch mit anderen außerhalb unseres Teams zusammenarbeiten wollen und das aus eigenem Antrieb tun. Zu warten, bis wir gefragt werden, ist passiv. Zu beobachten, dass jemand Hilfe braucht, und diese Hilfe freiwillig anzubieten, ist proaktiv und zeugt von eigenem Antrieb. Unserer Beobachtung zufolge gibt es drei wichtige Gelegenheiten für die proaktive Zusammenarbeit:

1. **In unserem Team.** Wir sollten uns stets darauf konzentrieren, beeindruckend zu sein, mit unseren Teamkollegen zusammenzuarbeiten und ihnen zu helfen. Wenn Sie sehen, dass jemand überlastet ist oder Schwierigkeiten mit einer Aufgabe hat, warten Sie nicht, bis Sie um Hilfe gebeten werden, sondern bieten Sie Ihre Hilfe aus eigenem Antrieb an.
2. **Mit unseren Stakeholdern.** Beeindruckende Teams haben eine sehr gute Arbeitsbeziehung zu ihren Stakeholdern und arbeiten mit ihnen zusammen, um sicherzustellen, dass ihre Arbeit auch wirklich den Bedürfnissen der Stakeholder entspricht.
3. **Über Organisationsgrenzen hinweg.** In Kapitel 1 haben wir besprochen, dass eine Organisation ein komplexes adaptives System (CAS) aus Teams ist, die mit anderen Teams interagieren.

Versprechen: Die gesamte Arbeit und den Arbeitsfluss sichtbar machen

Disciplined-Agile-Teams – und einzelne Teammitglieder – machen ihre gesamte Arbeit und ihre Arbeitsweisen für andere sichtbar.[3] Hinter der oft als „radikale Transparenz" bezeichneten Haltung steckt der Gedanke, dass wir anderen gegenüber offen und ehrlich sein sollten. Nicht alle fühlen sich dabei wohl.

Organisationen mit herkömmlichen Methoden haben eine Menge Wassermelonen-Projekte, die außen grün und innen rot sind. Das soll heißen, dass nach außen hin alles „im grünen Bereich ist", sie in Wirklichkeit aber in Schwierigkeiten stecken. Transparenz ist entscheidend für die Unterstützung wirksamer Führung und Aufsicht und für die Ermöglichung der Zusammenarbeit, weil jeder dann sehen kann, woran die anderen gerade arbeiten.

Disciplined-Agile-Teams machen ihre Arbeit oft sowohl auf der Ebene des Einzelnen als auch auf Teamebene sichtbar. Es ist entscheidend, dass wir uns auf unseren Umlaufbestand (Work in Process) konzentrieren, was mehr ist als die laufende Arbeit (Work in Progress, WIP). Laufende Arbeit (Work in Progress, WIP) ist das, woran wir gerade arbeiten. Umlaufbestand bezeichnet unsere laufende Arbeit sowie alle in einer Warteschlange befindlichen Arbeiten, die wir noch erledigen müssen. Disziplinierte Agilisten konzentrieren sich demzufolge auf die Umlaufbestände.

Disziplinierte Teams machen ihren Arbeitsfluss sichtbar und haben deshalb ausdrückliche Vorschriften für den Arbeitsfluss, damit jeder weiß, wie alle anderen arbeiten. Das erleichtert die Zusammenarbeit, weil man auf Vereinbarungen zurückgreifen kann, wie man zusammenarbeiten wird. Die Prozessverbesserung wird dadurch ebenfalls unterstützt, weil man leichter versteht, was gerade passiert, und damit wird wiederum die Wahrscheinlichkeit erhöht, dass mögliche Probleme entdeckt werden können. Wir müssen in unserer Arbeitsweise sowohl agnostisch als auch pragmatisch vorgehen, weil wir im gegebenen Kontext unser Bestes geben wollen.

---

[3] Es kann natürlich Einschränkungen wegen Geheimhaltungsvorschriften aufgrund von Wettbewerbs- oder Regulierungsüberlegungen geben

Versprechen: Vorhersehbarkeit verbessern

Disziplinierte Teams bemühen sich um die Verbesserung der Vorhersehbarkeit, damit sie effektiver zusammenarbeiten und sich selbst organisieren können; dadurch erhöhen sie dann die Chancen, dass sie Zusagen gegenüber ihren Stakeholdern erfüllen werden. Viele von den Versprechen, die wir gegeben haben, tragen zur Verbesserung der Vorhersehbarkeit bei. Um zu sehen, wie die Vorhersehbarkeit verbessert werden kann, ist es oft nützlich, die Ursachen der Unvorhersehbarkeit festzustellen, wie etwa Technical Debt und überlastete Teammitglieder, und dann diese Herausforderungen anzugehen.

Häufige Strategien zur Verbesserung der Vorhersehbarkeit:

- **Bedienung von Technical Debt.** Technical Debt oder „technische Schuld" bezieht sich auf die indirekten Kosten künftiger Refaktorierung oder Nacharbeit zur Verbesserung der Qualität eines Vermögenswerts, damit er leichter gewartet und seine Nutzungsdauer verlängert werden kann. Bei beträchtlicher Technical Debt wird die Vorhersage schwierig, wie aufwendig die Arbeit sein wird – die Arbeit an hochwertigen Vermögenswerten ist viel einfacher als die Arbeit an minderwertigen Vermögenswerten. Weil Technical Debt meist verborgen ist (wir wissen nicht wirklich, was diesen Quellcode, den wir gerade ändern wollen, aufruft, oder wir wissen nicht, was wirklich hinter dieser Wand steckt, die wir beim Umbau unserer Küche herausreißen wollen), präsentiert sie uns meist mit unvorhersehbaren Überraschungen, wenn wir mit der Arbeit beginnen. Die Bedienung von Technical Debt, die im Prozessziel Qualitätsverbesserung beschrieben ist, stellt eine wichtige Strategie zur Erhöhung der Vorhersehbarkeit unserer Arbeit dar.
- **Umlaufbestandsgrenzen respektieren.** Wenn Leute nahe an oder direkt an ihrer Kapazitätsgrenze arbeiten, wird die Vorhersage schwierig, wie lange es mit der Fertigstellung dauern wird. Es kann sein, dass wir für diese Arbeit, die 2 Tage beansprucht, vielleicht 3 Monate brauchen, weil wir sie entweder 3 Monate lang in unserer Warteschlange sitzen lassen oder weil wir im Lauf von 3 Monaten immer wieder ein klein wenig daran arbeiten. Darüber hinaus werden die Feedbackzyklen umso länger, je überlasteter eine Person ist; das führt dann zu noch mehr Arbeit (siehe unten) und die Arbeitsbelastung steigt noch weiter. Wir versprechen deshalb, dass wir die Arbeitslasten innerhalb der Kapazitätsgrenzen halten.
- **Einen testgetriebenen Ansatz übernehmen.** Mit einem testgetriebenen Ansatz überlegen wir sorgfältig, wie wir etwas testen werden, bevor wir es bauen. Das hat den Vorteil, dass unsere Tests unsere Arbeit sowohl spezifizieren als auch validieren und damit doppelt nützlich sind; dadurch werden wir dann höchstwahrscheinlich zur Erzeugung eines Arbeitsprodukts von höherer Qualität motiviert. Dieser Ansatz erhöht auch unsere Vorhersehbarkeit, weil wir ein besseres Verständnis unserer Arbeitsaufgabe haben, bevor wir sie in Angriff nehmen. Es gibt mehrere gewöhnliche Praktiken, die nach einem testgetriebenen Ansatz arbeiten, wie die akzeptanztestgetriebene Entwicklung (Acceptance Test-Driven Develoment, ATDD) [ExecutableSpecs], bei der wir ausführliche Anforderungen über Akzeptantstests erfassen, und die testgetriebene Entwicklung (TDD) [Beck; TDD], bei der unser Design als funktionierende Entwicklertests erfasst wird.

- **Verkürzung von Feedbackzyklen.** Ein Feedbackzyklus ist die Zeit, die zwischen einer Tätigkeit und der Rückmeldung dazu verstreicht. Wir schreiben zum Beispiel eine Aktennotiz und schicken sie an jemanden mit der Bitte um Rückmeldung; es dauert 4 Tage, bis wir eine Antwort erhalten, und somit ist der Feedbackzyklus 4 Tage lang. Wenn wir aber kooperativ arbeiten und die Aktennotiz gemeinsam schreiben (diese Methode nennt man paarweises Arbeiten), dann dauert der Feedbackzyklus nur wenige Sekunden, weil der Adressat sieht, was wir schreiben, und sofort dazu Stellung nimmt. Kurze Feedbackzyklen ermöglichen uns rasches Handeln zur Verbesserung der Qualität unserer Arbeit, womit wir unsere Vorhersehbarkeit und die Chancen erhöhen, dass wir unsere Kunden begeistern werden. Lange Feedbackzyklen sind problematisch, weil die Wahrscheinlichkeit, dass wir auf etwaigen Problemen in unserer Arbeit aufbauen, zunimmt, je länger wir auf das Feedback warten müssen; dadurch steigen die Kosten für die Behebung dieser Probleme, weil wir jetzt das ursprüngliche Problem und alles, was darauf aufbaut, korrigieren müssen. Lange Feedbackzyklen erhöhen auch die Wahrscheinlichkeit, dass die Anforderung für die Arbeit sich weiterentwickelt, weil sich etwas in der Umgebung geändert hat oder einfach weil jetzt jemand plötzlich etwas anderes haben möchte. In beiden Fällen führt der längere Feedbackzyklus zu mehr Arbeit für uns und erhöht damit unsere Arbeitslast (wie weiter oben besprochen).

Versprechen: Arbeitslasten innerhalb der Kapazitätsgrenzen halten

Das Überschreiten von Kapazitätsgrenzen ist aus persönlicher wie aus produktionstechnischer Sicht problematisch. Auf der persönlichen Ebene führt die Überlastung eines Einzelnen oder eines Teams oft zu mehr Frust bei den beteiligten Personen. Obwohl manche Leute dadurch kurzfristig zu mehr Arbeitseinsatz motiviert werden, führt Überlastung langfristig zu Burnout und kann sogar nach sich ziehen, dass Leute aufgeben und kündigen, weil ihnen die Lage hoffnungslos erscheint. Aus produktionstechnischer Sicht führt Überlastung zu Multitasking, was die Gemeinkosten insgesamt erhöht. Wege, wie wir die Arbeitslasten innerhalb unserer Kapazitätsgrenzen halten können:

- **Arbeit an kleinen Einheiten.** Wenn wir kleine Arbeitseinheiten haben, können wir uns darauf konzentrieren, eine einzelne Einheit zu erledigen, bevor wir zur nächsten übergehen.
- **Richtige Teamzusammensetzung.** Funktionsübergreifende und ausreichend besetzte Teams helfen uns, die Arbeitslasten innerhalb unserer Kapazitätsgrenzen zu halten, weil die Abhängigkeit vom Umfeld geringer ausfällt. Je mehr Abhängigkeiten wir haben, umso weniger wird unsere Arbeit vorhersagbar und damit schwieriger zu gliedern.
- **Eine Arbeitsfluss-Perspektive einnehmen.** Wenn wir den allgemeinen Arbeitsfluss betrachten, dessen Teil wir sind, können wir anhand von Engpässen, an denen sich die Arbeit staut, erkennen, wo wir unsere Kapazitäten überschritten haben. Wir können dann unseren WoW anpassen, um den Engpass zu beheben – eventuell durch das Hinzuziehen von Personen in einen Bereich, in dem wir mehr Kapazitäten brauchen, oder durch die Verbesserung der Herangehensweise an die Aktivität, bei der wir den Engpass haben. Unser Ziel ist es natürlich, den Arbeitsfluss im gesamten Wertstrom, dessen Teil wir sind, und nicht nur lokal begrenzt unseren eigenen Arbeitsfluss zu optimieren.
- **Mit einem „Pull-System" arbeiten.** Einer der Vorteile, Arbeit dann „abzuholen", wenn wir dazu bereit sind, liegt darin, dass wir unsere eigene Arbeitsbelastung steuern können.

Versprechen: Kontinuierliche Verbesserung

Die wirklich erfolgreichen Organisationen – Apple, Amazon, eBay, Facebook, Google und andere – sind durch kontinuierliche Verbesserung zu dem geworden, was sie heute sind. Sie haben erkannt, dass sie zur Aufrechterhaltung ihrer Wettbewerbsfähigkeit ständig nach Wegen zur Verbesserung ihrer Prozesse, der Ergebnisse, die sie ihren Kunden liefern, und ihrer Organisationsstruktur suchen müssen. Deshalb übernehmen diese Organisationen einen Kaizen-basierten Ansatz der Verbesserung durch kleine Änderungen. In Kapitel 1 haben wir gelernt, dass wir noch besser werden können, wenn wir den Ansatz der kontinuierlichen Verbesserung unter Anleitung (GCI) wählen, der sich der Wissensgrundlage im DA-Toolkit bedient.

Kontinuierliche Verbesserung verlangt Einigkeit darüber, was verbessert werden soll. Unseren Beobachtungen zufolge erreichen Teams, die sich auf die Verbesserung der Methode konzentrieren, die hier beschriebenen Versprechen zu erfüllen – so auch die Art und Weise, wie sie die Vorgehensweise zu ihrer Verbesserung selbst verbessern können –, ihre Verbesserungen schneller als andere. Unser Team profitiert deutlich von mehr Sicherheit und Vielfalt, besserer Kooperation, Verbesserung der Vorhersehbarkeit und der Begrenzung der Arbeitslast auf die jeweiligen Kapazitäten. Unsere Organisation profitiert auch davon, wenn wir uns hinsichtlich der anderen Versprechen verbessern.

Wir folgen diesen Leitlinien

Zur Erfüllung ihrer Versprechen entschließen sich disziplinierte Agilisten dazu, einer Sammlung von Leitlinien zu folgen, die die Wirksamkeit ihrer Arbeitsweise erhöhen. Die Leitlinien der DA-Denkweise:

1. Das Gelernte validieren.
2. Design Thinking anwenden.
3. Beziehungen durch den Wertstrom hindurch pflegen.
4. Effektive Umgebungen schaffen, die Freude machen.
5. Die Kultur durch Verbesserung des Systems ändern.
6. Teilautonome, sich selbst organisierende Teams bilden.
7. Maßnahmen zur Verbesserung der Ergebnisse ergreifen.
8. Vermögen der Organisation nutzen und verbessern.

Leitlinie: Das Gelernte validieren

Wir können nur dann beeindrucken, wenn wir mit einem neuen WoW experimentieren und ihn dann in den geeigneten Fällen übernehmen. Im GCI-Arbeitsfluss bewerten wir, wie gut eine neue Arbeitsweise funktioniert, mit der wir experimentiert haben. Diesen Ansatz nennt man validiertes Lernen. Hoffentlich stellen wir fest, dass der neue WoW für unseren Kontext geeignet ist; aber auch das Gegenteil kann der Fall sein. Wie dem auch sei, wir haben das Gelernte validiert. Die Bereitschaft und Fähigkeit zu experimentieren ist entscheidend für unsere Bemühungen zur Prozessverbesserung. Mark Twain prägte den folgenden Aphorismus: „Was uns in Schwierigkeiten bringt, ist nicht das, was wir nicht wissen. Es ist das, was wir mit Sicherheit wissen, was aber in Wahrheit nicht stimmt!"

Validiertes Lernen ist nicht nur zur Prozessverbesserung geeignet. Wir sollten diese Strategie auch auf das unseren Kunden bereitgestellte Produkt/die Dienstleistung (das Angebot) anwenden. Wir können scheibchenweise bauen, unseren Stakeholdern Änderungen verfügbar machen und dann beurteilen, wie gut diese Änderungen in der Praxis funktionieren. Wir können das über die Demonstration unseres Angebots gegenüber unseren Stakeholdern oder idealerweise über die Freigabe unserer Änderungen an die tatsächlichen Endnutzer erreichen und messen, ob sie von diesen Änderungen profitiert haben.

Leitlinie: Design Thinking anwenden

Wenn wir Kunden begeistern wollen, müssen wir erkennen, dass unsere Arbeit in der Erzeugung funktionierender Wertströme für unsere Kunden besteht, die wir im Hinblick auf diese gestaltet haben. Dazu müssen wir Design Thinking anwenden. Design Thinking bedeutet, dass wir uns in die Kunden hineinversetzen und zunächst versuchen, ihre Umgebung und Bedürfnisse zu verstehen, bevor wie eine Lösung entwickeln. Design Thinking stellt eine grundlegende Abkehr vom Bau von Systemen aus unserer Perspektive dar und wendet sich der kreativen Lösung von Kundenproblemen zu oder, besser noch, der Erfüllung von Bedürfnissen, derer sich die Kunden nicht einmal bewusst waren.

Design Thinking ist ein erforschender Ansatz, der iterativ zur Erkundung einer Problemstellung und Identifizierung potenzieller Lösungen angewandt werden sollte. Design Thinking hat seine Wurzeln im anwender- sowie im anwendungszentrierten Design, die beide die agile Modellierung beeinflusst haben – eine der vielen Methoden, von denen das DA-Toolkit Praktiken übernimmt. In Kapitel 6 werden wir lernen, dass der erforschende Lebenszyklus (Exploratory life cycle) zu DA gehört und speziell für die Erkundung neuer Problemstellungen angewandt wird.

Leitlinie: Beziehungen durch den Wertstrom hindurch pflegen

Eine der größten Stärken des Agilen Manifests ist sein erster Wert: Personen und Interaktionen mehr als Prozesse und Werkzeuge. Eine weitere Stärke ist die Ausrichtung auf Teams in den Prinzipien, die dem Manifest zugrunde liegen. Leider ergibt sich daraus der Nebeneffekt, dass Wechselbeziehungen zwischen Mitgliedern verschiedener Teams oder sogar verschiedener Organisationen nicht mehr im Mittelpunkt stehen. Nach unserer Erfahrung – und wir glauben, dass die Verfasser des Manifests genau das beabsichtigten – sind die Interaktionen zwischen den Personen, die die Arbeit machen, der zentrale Punkt, unabhängig davon, ob sie dem Team angehören oder nicht. Wenn zum Beispiel ein Produktmanager eng mit dem Datenanalyseteam unserer Organisation kooperieren muss, damit er das Marktgeschehen besser versteht, und unser Strategieteam braucht, damit diese Beobachtungen in einen Zusammenhang gestellt werden, dann wollen wir gewährleisten, dass diese Interaktionen Wirkung zeigen. Wir müssen die Kooperation zwischen diesen Teams aus eigenem Antrieb herbeiführen, um die anstehende Arbeit zu unterstützen.

Die Pflege und Aufrechterhaltung gesunder interaktiver Prozesse ist wichtig für die Beteiligten und sollte von der Führung der Organisation unterstützt und ermöglicht werden. Es gibt auch eine Führungsstrategie mit der Bezeichnung Middle-up-down Management [Nonaka], wo das Management den Wertstrom „nach oben" verfolgt, um das Benötigte zu identifizieren, wo es das Team zur Erfüllung dieses Bedarfs befähigt und mit den nachgelagerten Teams an der wirksamen Koordinierung der Arbeit arbeitet. Das allgemeine Ziel besteht in der lokalen Koordinierung, sodass der Arbeitsfluss insgesamt optimiert wird.

Leitlinie: Wirksame Umgebungen schaffen, die Freude machen

In Umschreibung des Agilen Manifests könnte man sagen, dass beeindruckende Teams um motivierte Personen herum aufgebaut werden, die die Umgebung und Unterstützung bekommen, die sie zur Verwirklichung ihrer Ziele brauchen. Zum Beeindrucken gehört, dass man Spaß und Freude hat. Wir wollen, dass die Arbeit in unserer Firma eine tolle Erfahrung ist, damit wir die besten Mitarbeiter:innen anwerben und halten können. Arbeit ist Spiel, wenn man sie richtig macht.

Wir können unsere Arbeit angenehmer gestalten, wenn wir eine Umgebung schaffen, in der wir gut zusammenarbeiten können. Eine zentrale Strategie zur Verwirklichung dieses Ziels besteht darin, Teams zu erlauben, sich selbst zu organisieren – sie ihren eigenen WoW, ihre eigene Organisationsstruktur und eigenen Arbeitsumgebungen wählen und weiterentwickeln zu lassen. Teams müssen dabei unternehmensbewusst vorgehen – das heißt, dass mit anderen Teams zusammengearbeitet werden muss und dass es Verfahrensweisen und Standards in der Organisation gibt, die befolgt werden müssen, sowie Einschränkungen der Tätigkeit. Führungskräfte haben hierbei die Aufgabe, gute Startbedingungen für ihre Teams zu schaffen und dann die Teams bei ihrem Lernen im Lauf der Zeit zu unterstützen und zu befähigen.

Leitlinie: Die Kultur durch Verbesserung des Systems ändern

Peter Drucker ist berühmt für seinen Ausspruch: „Kultur isst Strategie zum Frühstück." Das hat sich die agile Gemeinschaft zu Herzen genommen, und diese Einstellung spiegelt sich denn auch deutlich in der auf den Menschen ausgerichteten Haltung des Agilen Manifests wider. Kultur ist wichtig und Kulturwandel ist ein entscheidendes Element der agilen Transformation einer jeden Organisation. In Wirklichkeit aber kann die Kultur leider nicht direkt geändert werden, weil sie ein Abbild des vorhandenen Managementsystems ist. Wenn die Kultur geändert werden soll, muss deshalb das System insgesamt weiterentwickelt werden.

Aus Systemsicht ist das System sowohl die Summe seiner Teile als auch deren Interaktionen untereinander [Meadows]. In einer Organisation sind diese Teile ihre Teams/Gruppen und die digitalen und physischen Werkzeuge und anderen Vermögensgegenstände, mit denen sie arbeiten. Die Interaktionen sind die Kooperationen der beteiligten Personen, die von den übernommenen Rollen und Aufgaben und ihrem WoW bestimmt werden. Zur Verbesserung eines Systems müssen seine Bestandteile und die Wechselbeziehungen zwischen diesen Bestandteilen gleichzeitig weiterentwickelt werden.

Zur Verbesserung der Bestandteile des Organisationssystems müssen die Teamstrukturen und die Werkzeuge/Vermögenswerte weiterentwickelt werden, die zur Arbeit genutzt werden. Die nächste Leitlinie in DA – teilautonome, sich selbst organisierende Teams bilden – befasst sich mit dem Teamaspekt. Das Prozessziel Qualitätsverbesserung erfasst Optionen zur Verbesserung der Qualität der Infrastruktur, was meist eine langfristige Unternehmung ist und beträchtliche Investitionen erfordert. Die Verbesserung der Wechsel-beziehungen zwischen den Komponenten ist das Kernthema dieses Buchs. Dazu müssen die Rollen und Aufgaben der Mitglieder in den Teams weiterentwickelt und sie befähigt werden, ihren WoW weiterzuentwickeln.

Zusammenfassend kann man sagen: Wenn das System verbessert wird, wird der Kulturwandel folgen. Zur Gewährleistung eines positiven Kulturwandels muss der Ansatz des validierten Lernens auf diese Verbesserungen angewendet werden.

Leitlinie: Teilautonome, sich selbst organisierende Teams bilden

Organisationen sind komplexe adaptive Systeme (CAS), die aus einem Netzwerk aus Teams oder gewissermaßen aus einem Team aus Teams bestehen. Trotz der Aufforderung der gängigen agilen Methode, „ganze Teams" zu bilden, die jeweils alle zur Verwirklichung der geforderten Ergebnisse erforderlichen Kenntnisse und Ressourcen besitzen, ist in Wahrheit kein Team eine Insel. Autonome Teams wären ideal, aber wir werden stets in gewisser Weise von anderen vor- sowie nachgelagerten Teams abhängig sein. Und natürlich bestehen Abhängigkeiten zwischen Angeboten (Produkte oder Dienstleistungen), die die Zusammenarbeit der für sie verantwortlichen Teams erfordern. Diese Organisationsstruktur eines Team-Netzwerks wird von Stephen Denning in seinem „Law of the Network" [Denning] empfohlen; Mik Kersten empfiehlt die Umstellung von Projekt- auf Produktteams [Kersten], John Kotter empfiehlt dies in *Accelerate* [Kotter], Stanley McChrystal in seiner Strategie „Team aus Teams" [MCSF] und viele andere ebenfalls.

Teams werden aus eigenem Antrieb regelmäßig mit anderen Teams zusammenarbeiten, so lautet eines der Versprechen der DA-Denkweise. Beeindruckende Teams sind so vollständig wie möglich: sie sind funktionsübergreifend, besitzen die Kenntnisse, Ressourcen und Befugnisse, die sie für ihren Erfolg brauchen, und die Teammitglieder selbst sind häufig funktionsübergreifende generalisierte Spezialisten. Darüber hinaus sind sie um die Produkte/Dienstleistungen herum strukturiert, die von dem Wertstrom, dem sie angehören, angeboten werden. Interessanterweise wird die Aufstellung eines Budgets viel einfacher, wenn wir spezifische Teams für Stakeholder haben, weil wir nur für die den jeweiligen Produkten/Dienstleistungen entsprechenden Mitarbeiter:innen budgetieren müssen.

Die Bildung teilautonomer Teams ist ein guter Anfang, aber die Selbstorganisation im Kontext des Wertstroms muss ebenfalls beachtet werden. Teams organisieren sich selbst, müssen dies aber im Kontext des allgemeinen Arbeitsflusses tun, dem sie angehören. Denken Sie an die Prinzipien Arbeitsfluss optimieren und Unternehmensbewusstsein – Teams müssen das tun, was für die Organisation insgesamt richtig ist, nicht nur das, was für sie bequem ist. Wenn andere Teams genauso arbeiten, profitieren wir alle davon.

Leitlinie: Maßnahmen zur Verbesserung der Ergebnisse ergreifen

Kontext zählt, wenn es um Messungen geht. Was wollen wir verbessern? Qualität? Zeit bis zur Marktreife (Time to market)? Arbeitsmoral? Kundenzufriedenheit? Eine Kombination daraus? Jede Person, jede Arbeitsgruppe und Organisation hat ihre eigenen Prioritäten, was verbessert werden soll, und ihre eigenen Arbeitsweisen. Somit haben sie ihre eigenen Messungen, die sie erfassen, um ihre Leistung und vor allem ihr weiteres Vorgehen zu bestimmen. Und diese Messungen entwickeln sich gemeinsam mit ihrer Situation und ihren Prioritäten weiter. Das bedeutet, dass unsere Messstrategie flexibel und zweckdienlich sein muss und von einem Team zum nächsten unterschiedlich ausfällt. Das Prozessziel Führung und Aufsicht im Team zeigt mehrere Strategien auf, so etwa die Goal Question Metric (GQM-Modell) [GQM] sowie Objectives and Key Results (Zielsetzung und Messung von Ergebnissen, OKR) [Doer], die kontextgetriebene Kennzahlen fördern.

Kennzahlen sollten einem Team Erkenntnisse zu seiner Arbeitsweise liefern und den oberen Führungskräften Anhaltspunkte zur wirksamen Führung und Aufsicht über das Team geben. Die richtigen Kennzahlen führen zu besseren Entscheidungen, die wiederum zu besseren Ergebnissen führen. Die falsche Messstrategie führt allerdings zu mehr Bürokratie für das Team, ist ein Hemmschuh für die Produktivität und liefert falsche Informationen an die Personen, die versuchen, Führung und Aufsicht über das Team zu übernehmen. Es gibt mehrere Entscheidungsregeln, die wir bei der Wahl des Messansatzes für unser Team berücksichtigen sollten.

- Beginnen Sie mit den Ergebnissen.
- Messen Sie, was direkt mit der Lieferung von Wert zu tun hat.
- „Den einen Weg" zur Messung gibt es nicht; Teams brauchen zweckdienliche Kennzahlen.
- Jede Kennzahl hat Stärken und Schwächen.
- Nutzen Sie Kennzahlen zur Motivation, nicht für Vergleiche.
- Wir bekommen, was wir messen.
- Teams nutzen Kennzahlen zur Selbstorganisation.
- Messen Sie Ergebnisse auf Teamebene.
- Jedes Team benötigt seinen einmaligen Satz Kennzahlen.
- Messen Sie im Hinblick auf Verbesserung; wir müssen unseren Schmerz messen, damit wir unsere Verbesserungen sehen können.
- Legen Sie unter den Teams gemeinsame Kategorien von Kennzahlen und nicht gemeinsame Kennzahlen fest.
- Vertraue, aber prüfe.
- Managen Sie nicht auf die Kennzahlen hin.
- Setzen Sie nach Möglichkeit Automatisierung ein, damit die Kennzahlen nicht beeinflusst werden können.
- Bevorzugen Sie Trends gegenüber Skalaren.
- Bevorzugen Sie vorlaufende gegenüber nachlaufenden Kennzahlen.
- Bevorzugen Sie Pull statt Push.

Leitlinie: Bestandsvermögen der Organisation nutzen und verbessern

Unsere Organisation besitzt viele Vermögenswerte – Informationssysteme, Informationsquellen, Werkzeuge, Vorlagen, Verfahren, Erfahrungen u.a. – die unser Team zur Verbesserung der Effektivität übernehmen könnte. Wir können aber beschließen, dieses Vermögen nicht nur zu übernehmen, sondern es auch zu verbessern, damit es für uns und andere Teams, die ebenfalls mit diesem Vermögen arbeiten, besser geeignet ist. Diese Leitlinie ist aus mehreren Gründen wichtig:

1. **Es wurde bereits eine Menge guter Arbeit geleistet.** Es gibt in unserer Organisation eine breite Palette an Vermögenswerten, die unser Team nutzen kann. Manchmal werden wir feststellen, dass wir den vorhandenen Vermögenswert im Hinblick auf unseren Bedarf erst weiterentwickeln müssen; das ist aber oft schneller und weniger kostenintensiv, als völlig von vorne anzufangen.

2. **Um uns herum läuft eine Menge guter Arbeit.** Unsere Organisation ist ein Netzwerk aus teilautonomen, sich selbst organisierenden Teams. Wir können mit diesen Teams arbeiten und von ihnen lernen, aus eigenem Antrieb mit ihnen kooperieren und damit die Realisierung von Wert beschleunigen. Das Team Unternehmensarchitektur kann uns die richtige Richtung aufzeigen, und wir können ihm erklären, wie gut seine Strategien in der praktischen Anwendung funktionieren. Stephen Denning betont, dass die betriebswirtschaftliche Seite unserer Organisation, wie etwa Lieferantenmanagement, Finanzen und Personalmanagment, die Teams unterstützen muss, die die Wertströme unserer Organisation ausführen [Denning]. Wenn wir unsere Kunden begeistern wollen, müssen wir gemeinsam unternehmensbewusst arbeiten und lernen.

3. **Wir können allgemeine Technical Debt abbauen.** Wie wir weiter oben erörtert haben, kämpfen leider viele Organisation mit beträchtlicher technischer Schuldenlast. Wenn wir uns für die Wiederverwendung vorhandener Vermögenswerte entscheiden und in die teilweise Bedienung unserer Technical Debt investieren, die wir dabei aufnehmen, lösen wir uns langsam aus der Falle technischer Schulden, in der wir uns befinden.

4. **Wir können größeren Wert schneller bereitstellen.** Mit vermehrter Wiederverwendung können wir die Implementierung neuer Funktionen, mit denen wir unsere Kunden begeistern, in den Mittelpunkt stellen, statt einfach nur unser aktuelles Angebot neu zu erfinden. Mit der Bedienung von Technical Debt steigern wir die zugrunde liegende Qualität der Infrastruktur, auf der wir aufbauen, sodass wir im Lauf der Zeit neue Funktionen immer schneller liefern können.

5. **Wir können andere unterstützen.** So, wie unser Team mit anderen Teams zusammenarbeitet und von ihnen lernt, arbeiten diese anderen Teams mit uns zusammen und lernen von uns. Auf Organisationsebene können wir das durch die Einrichtung von Kompetenzzentren (Centers of Excellence, CoEs) und Communities of Practice, (CoPs) fördern und Erfahrungen organisationsweit erfassen und austauschen [CoE; CoP].

Und noch mehr faszinierendes Gedankengut

Hier stellen wir Ihnen Leitlinien vor, die sich unserer Beobachtung zufolge in der Praxis für disziplinierte Agilisten bewährt haben:

1. **Wenn es schwierig ist, machen Sie es öfter.** Finden Sie, dass Systemintegrationstests (SIT) schwierig sind? Statt wie traditionell bis zum Ende des Lebenszyklus damit zu warten, suchen Sie nach einer Möglichkeit, die Tests bei jeder einzelnen Iteration durchzuführen. Versuchen Sie dann, die Tests jeden Tag zu machen. Wenn wir schwierige Aufgaben häufiger ausführen, sind wir gezwungen, sie zu vereinfachen – oftmals durch Automatisierung.

2. **Wenn Sie Angst vor einer Aufgabe haben, machen Sie sie öfter.** Wir haben Angst vor der Weiterentwicklung eines bestimmten Abschnitts im Code? Wir haben Angst vor der Rückmeldung von Stakeholdern, weil sie ihre Meinung ändern könnten? Dann sollten wir das öfter tun und versuchen, unsere Angst zu überwinden. Suchen Sie nach Wegen, negative Ergebnisse zu vermeiden, oder verwandeln Sie sie in etwas Positives. Reparieren Sie diesen Code. Vereinfachen Sie die Weiterentwicklung unserer Lösung. Helfen Sie diesen Stakeholdern, die Folgen ihrer Entscheidungen zu verstehen.
3. **Fragen Sie immer wieder nach dem Warum.** Wenn wir etwas wirklich verstehen wollen, müssen wir fragen, warum es geschehen ist, warum es so läuft oder warum es für andere wichtig ist. Fragen Sie dann immer wieder nach dem Warum. Toyota nennt diese Praxis die Analyse der „five whys" (5W) [Liker], aber es müssen nicht unbedingt fünf sein. Wir fragen nach dem Warum, bis wir die Grundursache (root cause) verstehen.
4. **Lernen Sie jeden Tag etwas.** Disziplinierte Agilisten streben danach, jeden Tag etwas zu lernen. Vielleicht hat es mit dem Bereich zu tun, in dem sie arbeiten. Vielleicht hat es mit den Technologien oder mit ihren Werkzeugen zu tun. Vielleicht ist es eine neue Methode oder eine neue Art, eine Methode auszuführen. Es gibt eine Fülle von Gelegenheiten zum Lernen. Nutzen Sie sie.

Zusammenfassung

Wie können wir die Denkweise zu Disciplined Agile zusammenfassen? Simon Powers fasst die Denkweise zu drei Kerngedanken zusammen [Powers]. Diese Gedanken lauten:

1. **Der Komplexitätsgedanke.** Viele Probleme, mit denen wir zu tun haben, sind komplexe adaptive Probleme. Das heißt, dass wir bei dem Versuch, sie zu lösen, das Wesen der Probleme selbst ändern.
2. **Der Menschengedanke.** Personen sind sowohl unabhängig als auch abhängig von ihren Teams und Organisationen. Menschen sind wechselseitig voneinander abhängig. Mit dem richtigen Umfeld (Sicherheit, Respekt, Vielfalt und Inklusion) und einem motivierenden Zweck können Vertrauen und Selbst-Organisation entstehen. Dazu ist es notwendig, dass wir allen Mitmenschen mit uneingeschränkter positiver Achtung begegnen.
3. **Der Eigenantriebsgedanke.** Eigener Antrieb findet sich im unermüdlichen Streben nach Verbesserung.

Wir finden diese Gedanken überzeugend. Sie fassen in vieler Hinsicht die fundamentalen Beweggründe zusammen, warum wir unseren WoW wählen müssen. Weil unser Kontext einmalig ist, müssen wir unseren WoW anpassen; damit ändern wir unsere Situation, sodass wir unseren WoW lernen und weiterentwickeln müssen. Der Menschengedanke motiviert uns, einen WoW zu finden, der uns die wirksame und sichere Zusammenarbeit ermöglicht, und der Eigenantriebsgedanke gibt die Vorstellung des ständigen Lernens und der kontinuierlichen Verbesserung wieder.

Die Denkweise ist nur der Anfang

Die Denkweise zu Disciplined Agile bildet eine solide Grundlage, von der aus unsere Organisation agil werden kann, aber sie ist eben nur eine Grundlage. Wir befürchten, dass zu viele unerfahrene Coaches Agil nach unten nivellieren und darauf hoffen, sich auf die in diesem Kapitel vorgestellten Konzepte konzentrieren zu können. Das ist ein guter Anfang, reicht in der Praxis aber nicht aus. Es reicht nicht, „agil zu sein", wir müssen auch wissen, wie man „agil arbeitet". Es ist wunderbar, wenn jemand kooperativ und respektvoll arbeiten will. Wenn die Person aber nicht weiß, wie man die Arbeit selbst macht, wird sie nicht viel erledigt bekommen. Softwareentwicklung und vor allem Lösungslieferung ist komplex – wir müssen wissen, was wir tun.

Kapitel 3
Disciplined Agile Delivery (DAD) im Überblick

Disziplin heißt, das zu tun, was getan werden muss,
auch wenn man keine Lust dazu hat. - Unbekannt

Die wichtigsten Punkte in diesem Kapitel

- DAD ist der Lieferaspekt des Disciplined Agile Toolkit – nicht nur eine weitere Methodik.
- Wenn Sie Scrum, XP oder Kanban einsetzen, arbeiten Sie bereits mit abgewandelten Teilbereichen von DAD.
- DAD bietet sechs Lebenszyklen zur Auswahl; sie schreibt keine einzelne Arbeitsweise vor – Auswahl ist gut.
- DAD greift die maßgeblichen Anliegen des Unternehmens auf.
- DAD leistet die schwere Prozessarbeit, damit Sie es nicht tun müssen.
- DAD zeigt, wie agile Entwicklung von Anfang bis Ende funktioniert.
- DAD bietet eine flexible Grundlage, von der aus Sie allgemein verwendete Methoden taktisch skalieren können.
- Der Anfang mit DAD ist leicht.
- Sie können mit Ihrem vorhandenen WoW beginnen und ihn dann unter Anwendung von DAD schrittweise optimieren. Sie müssen keine große, abrupte und riskante Änderung vornehmen.

Viele Organisationen beginnen ihre agile Reise mit Scrum, weil die Methode eine gute Strategie zur Führung agiler Softwareteams beschreibt. Scrum ist jedoch nur ein sehr kleiner Teil dessen, was zur Lieferung ausgefeilter Lösungen an Ihre Stakeholder nötig ist. Immer wieder müssen Teams dann nach anderen Methoden suchen, mit denen sie die Lücken im Prozess füllen können, die von Scrum absichtlich und ausdrücklich vernachlässigt werden. Mit anderen Methoden ergeben sich zahlreiche Überschneidungen und widersprüchliche Begriffsbezeichnungen, die dann oft sowohl unter den Praktizierenden als auch den externen Stakeholdern Verwirrung stiften. Noch schwerer wiegt, dass viele Leute nicht wissen, wo sie sich Rat holen können, oder nicht einmal die Probleme kennen, die es zu berücksichtigen gilt.

Für den Umgang mit diesen Herausforderungen bietet Disciplined Agile Delivery (DAD) einen umfassenderen Ansatz zur agilen Lösungslieferung. DAD ist ein lernorientierter, hybrider agiler Ansatz zur Lieferung von IT-Lösungen, der Menschen an die erste Stelle setzt. Die wichtigsten Aspekte von DAD:

1. **Menschen zuerst.** Menschen und ihre Form der Zusammenarbeit sind die wichtigsten Erfolgsfaktoren für ein Team, das Lösungen liefert. DAD unterstützt eine Reihe von Rollen, Rechten und Verantwortlichkeiten, die Sie an die Bedürfnisse Ihrer Situation anpassen können.
2. **Hybrid.** DAD ist ein hybrider Werkzeugsatz, der wertvolle Inhalte aus Scrum, SAFe, Spotify, Agiler Modellierung (AM), eXtreme Programming (XP), Unified Process (UP), Kanban, Lean Software Development und diversen anderen Methoden in einen Zusammenhang bringt.
3. **Vollständiger Lieferlebenszyklus.** DAD behandelt den vollständigen Lieferlebenszyklus von der Teambildung bis zur Lieferung einer Lösung an Ihre Endanwender.
4. **Unterstützung für mehrere Lebenszyklen.** DAD unterstützt agile, schlanke (lean), fortlaufende Auslieferung (Continuous Delivery), erforschende und große Teams umfassende Versionen des Lebenszyklus. DAD schreibt keinen einzelnen Lebenszyklus vor, weil bekannt ist, dass ein alleiniger Prozessansatz nicht für alles geeignet ist. Kapitel 6 beleuchtet die Lebenszyklen ausführlicher. Es enthält Ratschläge zur Auswahl des richtigen Lebenszyklus für den Einstieg und zeigt, wie dieser im Lauf der Zeit weiterentwickelt werden kann.
5. **Vollständig.** DAD zeigt, wie Entwicklung, Modellierung, Architektur, Management, Anforderungen/Ergebnisse, Dokumentation, Führung und Aufsicht und andere Strategien in einem verschlankten Ganzen zusammenpassen. DAD übernimmt die „schwere Prozessarbeit", die andere Methoden Ihnen überlassen.
6. **Kontextsensitiv.** DAD propagiert einen sogenannten ziel- oder ergebnisorientierten Ansatz. Damit liefert DAD kontextabhängigen Rat zu machbaren Alternativen und den jeweiligen Kompromissen, sodass Sie DAD effektiv an Ihre spezielle Situation anpassen können. DAD beschreibt, was funktioniert, was nicht funktioniert, und vor allem die Gründe dafür. Auf diese Weise erhöht DAD die Chancen, dass Sie die für Sie geeigneten Strategien übernehmen und dass alles auf rationelle Art und Weise erfolgt. Denken Sie an das DA-Prinzip: Kontext zählt.
7. **Verwendbare Lösungen statt nur funktionierender Software.** Potenziell lieferfähige Software ist ein guter Anfang, aber was wir wirklich brauchen, sind Lösungen, die unsere Kunden begeistern.
8. **Selbstorganisation mit geeigneter Führung und Aufsicht.** Agile und schlanke Teams organisieren sich selbst. Das bedeutet, dass die Personen, die die Arbeit machen, diese Arbeit auch planen und einschätzen. Das soll aber nicht heißen, dass sie tun und lassen können, was sie wollen. Sie müssen trotzdem unternehmensbewusst arbeiten und die Prioritäten ihrer Organisation beachten; dazu brauchen sie die geeignete Führung und Aufsicht des leitenden Managements. Das Prozessziel Führung und Aufsicht über das Team beschreibt die Optionen dafür.

Dieses Kapitel liefert einen kurzen Überblick über DAD, während die Einzelheiten in späteren Kapiteln erörtert werden.

Was ist neu an DAD?

Wer DAD bereits praktiziert, wird in diesem Buch mehrere spannende Veränderungen im Vergleich zu *Disciplined Agile Delivery: A Practitioner's Guide to Agile Software Delivery in the Enterprise* [AmblerLines2012] feststellen. Grundlage für diese Veränderungen bildet unsere Arbeit in zahlreichen Organisationen weltweit und vor allem die Rückmeldungen, die wir von unzähligen Praktizierenden erhalten haben. Die Veränderungen im Einzelnen:

1. **Die Prozessziele wurden refaktoriert.** In den letzten Jahren haben wir einige Ziele umbenannt, ein neues Ziel hinzugefügt und zwei Zielpaare kombiniert. Wir sind der Meinung, dass die Ziele dadurch verständlicher werden.
2. **Jedes Ziel wurde aktualisiert.** In den letzten Jahren haben wir viel gelernt; es sind viele hervorragende Verfahren entstanden, und wir haben ältere Verfahren auf neue Situationen angewandt. Aktualisierungen der Ziele wurden auf PMI.org/disciplined-agile online gestellt und in unsere Kursunterlagen aufgenommen. Mit diesem Buch stellen wir alle Aktualisierungen jedoch erstmals in gedruckter Form vor.
3. **Alle Ziele werden visuell festgehalten.** Dies ist das erste Buch, welches alle Zieldiagramme von DAD umfasst. Die Zieldiagramme wurden nach Erscheinen des ursprünglichen Buchs 2012 eingeführt.
4. **Neue und aktualisierte Lebenszyklen.** Wir haben explizit den Programmlebenszyklus (früher im Rahmen der Teamstruktur beschrieben) und den erforschenden Lebenszyklus eingeführt. Zudem haben wir agile und schlanke (lean) Versionen des Lebenszyklus eingeführt, der früher mit fortlaufender Auslieferung (Continuous Delivery) bezeichnet wurde.
5. **Tipps zur praktischen Anwendung des Toolkits.** Ein großer Unterschied zur ersten Ausgabe sind die weitaus häufigeren Tipps zur praktischen Anwendung von DA. Diese Tipps zeugen von den weiteren Jahren, in denen wir mit Organisationen in aller Welt bei der Übernahme von Disciplined-Agile-Strategien zusammengearbeitet haben.

Menschen zuerst: Rollen, Rechte und Pflichten

Abbildung 3.1 zeigt die möglichen Rollen, die Mitglieder von DAD-Teams übernehmen. In Kapitel 4 sind diese Rollen ausführlicher beschrieben. Die Rollen werden in zwei Kategorien gegliedert: Hauptrollen, die unserer Ansicht nach entscheidend für den Erfolg eines jeden agilen Teams sind, sowie Nebenrollen, die bei Bedarf besetzt werden.

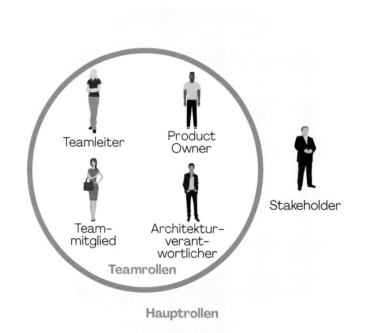

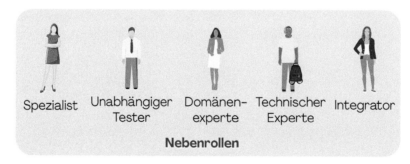

Abbildung 3.1 Mögliche Rollen in DAD-Teams.

Die Hauptrollen im Einzelnen:

- **Teamleitung.** Diese Person leitet das Team und verhilft ihm zum Erfolg. Das kann ein Senior Scrum Master, ein Projektmanager oder Funktionsmanager sein.
- **Product Owner (PO).** Product Owner sind für die Zusammenarbeit mit den Stakeholdern verantwortlich. Sie müssen die zu erledigende Arbeit identifizieren und priorisieren, dem Team die Bedürfnisse der Stakeholder vermitteln und das Team bei der wirksamen Interaktion mit den Stakeholdern unterstützen [ScrumGuide].
- **Architekturverantwortlicher.** Architekturverantwortliche führen das Team in enger Zusammenarbeit mit der Teamleitung und dem oder der Produktverantwortlichen durch Architektur- und Designentscheidungen [AgileModeling].
- **Teammitglied.** Teammitglieder erstellen die Lösung in gemeinsamer Arbeit. Im Idealfall sind Teammitglieder generalisierte Spezialisten oder arbeiten darauf hin; oft werden ihre Kenntnisse dann als fachübergreifend bezeichnet. Generalisierte Spezialisten haben ein oder mehrere Fachgebiete (wie Tests, Analyse, Programmieren usw.) und breites Wissen über Lösungslieferung und die Domäne, in der sie arbeiten [GenSpec].
- **Stakeholder.** Stakeholder sind Personen, die von der Arbeit des Teams betroffen sind, insbesondere Endanwender, Support-Techniker, Sachbearbeiter, Finanzfachleute, Auditoren, Unternehmensarchitekten (Enterprise-Architects) sowie das leitende Management. Manche agile Methoden bezeichnen diese Rolle als „Kunden".

Die Nebenrollen im Einzelnen:

- **Spezialisten.** Obwohl die meisten Teammitglieder vermutlich generalisierte Spezialisten sind oder das zumindest anstreben, holen wir im Bedarfsfall Spezialisten ins Team. Experten für Benutzererlebnis (UX) und Sicherheit sind Spezialisten, die dann einem Team angehören, wenn es viel Entwicklungsarbeit zu einer Benutzeroberfläche (UI), respektive Sicherheitsfragen gibt. Manchmal werden Geschäftsanalysten (Business Analysts) benötigt, die die Produktverantwortlichen im Umgang mit einer komplexen Domäne oder mit geografisch verteilten Stakeholdern unterstützen. Darüber hinaus gelten Rollen aus anderen Bereichen des DA-Instrumentariums aus DAD-Sicht als Spezialisten: Unternehmensarchitekten (Enterprise-Architects), Portfoliomanager, Wiederverwendungs-Ingenieure, Betriebstechniker u. a.
- **Unabhängige Tester.** Obwohl die meisten, wenn nicht gar alle Tests vom Team durchgeführt werden sollten, kann es vorkommen, dass man ein unabhängiges Team für Tests in großem Umfang braucht. In folgenden Fällen werden oft unabhängige Tester benötigt: regulatorische Auflagen, dass bestimmte Tests außerhalb des Teams ausgeführt werden, und ein großes Programm (ein Team aus Teams), das an einer komplexen Lösung mit großen Integrationsherausforderungen arbeitet.

- **Domänenexperten.** Domänenexperten werden manchmal auch als Fachexperten (subject matter experts, SME) bezeichnet und verfügen über fundiertes Wissen zu einem bestimmten Fachgebiet oder Problemfall. Diese Personen betreiben oft Wissens- und Erfahrungsaustausch mit dem Team oder den Product Ownern.
- **Technische Experten.** Personen mit fundiertem technischem Fachwissen, die über kurze Zeit mit dem Team zusammenarbeiten und ihm bei der Lösung einer spezifischen technischen Herausforderung helfen. Der Administrator einer Datenbank (DBA) hilft dem Team zum Beispiel bei Einrichtung, Konfiguration und Erlernen der Grundlagen einer Datenbank.
- **Integratoren.** Auch Systemintegratoren genannt, unterstützen oft unabhängige Tester, die Systemintegrationstests (SIT) zu einer komplexen Lösung oder Sammlung von Lösungen ausführen müssen.

Alle Mitglieder in agilen Teams haben Rechte und Pflichten. Alle. Zum Beispiel haben alle das Recht, respektiert zu werden, gleichzeitig haben alle die Pflicht, ihre Mitmenschen mit Respekt zu behandeln. Darüber hinaus bringt jede Rolle in einem agilen Team spezifische zusätzliche Pflichten mit sich, die sie erfüllen muss. Rechte und Pflichten werden ebenfalls eingehend in Kapitel 4 erläutert.

Eine Mischung guter Ideen

Wir sagen gern, dass DAD die schwere Prozessarbeit leistet, damit Sie das nicht tun müssen. Damit meinen wir, dass wir die verschiedenen Methoden, Regelwerke und andere Quellen auf potenzielle Praktiken und Strategien untersucht haben, die Ihr Team vielleicht ausprobieren und übernehmen möchte. Wir stellten diese Verfahren in einen Zusammenhang und erforschten dabei grundlegende Konzepte wie die Vor- und Nachteile des Verfahrens, seine eventuelle Eignung für bestimmte Anwendungen und den Umfang, in dem das Verfahren angewendet werden könnte. Antworten auf diese Fragen sind für ein Team bei der Wahl seines WoW entscheidend.

Abbildung 3.2 zeigt einige der Methoden und Regelwerke, aus denen wir Verfahren übernommen haben. Aus XP stammen zum Beispiel technische Praktiken wie testgetriebene Entwicklung (TDD), Refaktorierung und Paarprogrammierung, um nur einige zu nennen. Scrum liefert Strategien wie Produkt-Backlogs, Sprint-/Iterationsplanung, tägliche Koordinationsbesprechungen (daily Scrum) und mehr. Agile Modellierung steuert Model Storming, die ersten Vorstellungen der Architektur, fortlaufende Dokumentation und die aktive Beteiligung der Stakeholder bei. Die ausführlichere Beschreibung der einzelnen Verfahren in den jeweiligen Methoden – der Fokus von DAD und DA im Allgemeinen – dient dazu, sie in einen Zusammenhang setzen und Ihnen bei der Wahl der richtigen Strategie zum richtigen Zeitpunkt zu helfen.

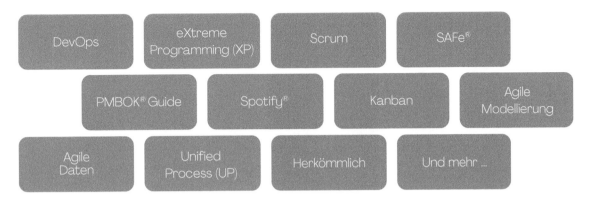

Disciplined Agile® (DA™)

Abbildung 3.2   DAD ist eine agnostische Mischung guter Ideen.

Auswahl ist gut: Prozessziele

DAD wird als Sammlung von 24 Prozesszielen oder Prozessergebnissen bezeichnet, wie Abbildung 3.3 zeigt. Jedes Ziel wird als Sammlung von Entscheidungspunkten beschrieben – Angelegenheiten, die eventuell eine Behandlung durch das Team erfordern, und falls ja, wie das Team dabei vorgehen wird. Mögliche Praktiken/Strategien zur Lösung eines Entscheidungspunktes, die in vielen Fällen kombiniert werden können, werden in Listenform dargestellt. Zieldiagramme – ein Beispiel wird in Abbildung 3.4 gezeigt – ähneln vom Konzept her Mindmaps, allerdings bedeutet die Länge des Pfeils in manchen Fällen die relative Wirksamkeit der Optionen. Zieldiagramme sind letztlich Anleitungen, die Teams bei der Auswahl der besten Strategien helfen, die sie angesichts ihrer Fähigkeiten, Kultur und Situation aktuell ausführen können. Kapitel 5 befasst sich mit dem zielgetriebenen Ansatz von DAD, und der Disciplined Agile Browser [DABrowser] liefert unterstützende Einzelheiten.

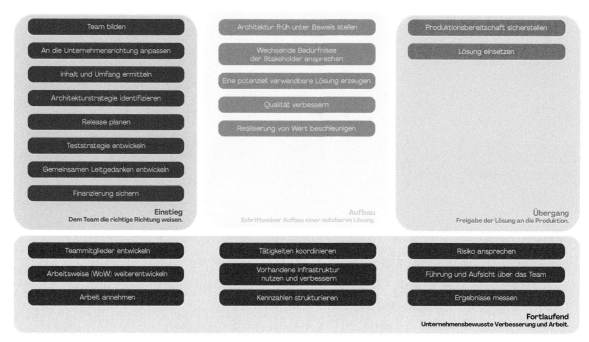

Abbildung 3.3   Die Prozessziele von DAD.

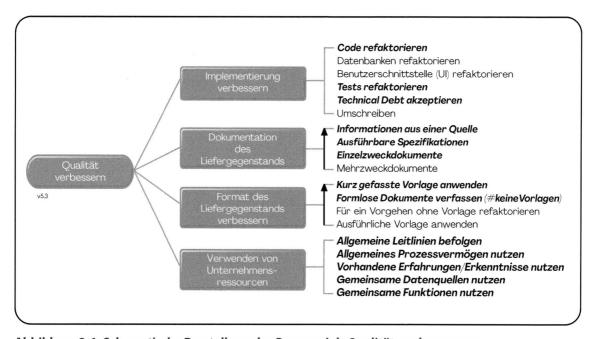

Abbildung 3.4   Schematische Darstellung des Prozessziels Qualitätsverbesserung.

Auswahl ist gut: Unterstützung für mehrere Lebenszyklen

Lebenszyklen können Ordnung in den Tätigkeiten schaffen, die ein Team zum Aufbau einer Lösung ausführt. In der Tat gliedern sie die Verfahren, die wir zur Erledigung der Arbeit anwenden. Weil Lösungslieferungsteams mit den verschiedensten Situationen zu tun haben, müssen sie einen Lebenszyklus wählen, der am besten zu ihrem Kontext passt. In Abbildung 3.5 können Sie sehen, dass DAD sechs Lebenszyklen unterstützt:

1. **Agil.** Ein Scrum-basierter Lebenszyklus für Projekte zur Lösungslieferung.
2. **Lean.** Ein Kanban-basierter Lebenszyklus für Projekte zur Lösungslieferung.
3. **Continuous Delivery: Agil.** Ein Scrum-basierter Lebenszyklus für langlebige Teams.
4. **Continuous Delivery: Lean.** Ein Kanban-basierter Lebenszyklus für langlebige Teams.
5. **Erforschend.** Ein Lean-Startup-basierter Lebenszyklus zum Experimentieren zusammen mit potenziellen Kunden, um herauszufinden, was diese wirklich wollen. Dieser Lebenszyklus unterstützt den Ansatz des Design Thinking, der in Kapitel 2 beschrieben wurde.
6. **Programm.** Ein Lebenszyklus für ein Team aus agilen oder schlanken (lean) Teams.

Kapitel 6 beschreibt die sechs DAD-Lebenszyklen und den herkömmlichen Lebenszyklus ausführlich und gibt Tipps, wann welcher Lebenszyklus gewählt werden sollte.

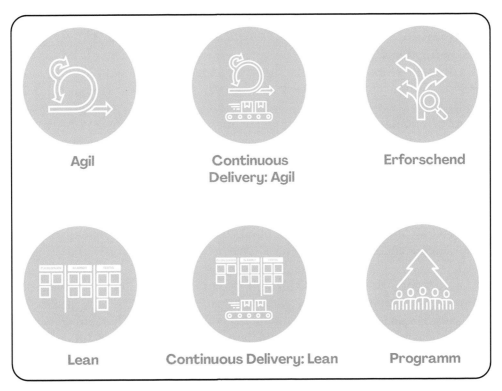

Abbildung 3.5 DAD unterstützt sechs Lebenszyklen.

Verwendbare Lösungen statt nur funktionierender Software

Das Agile Manifest schlägt vor, dass wir Fortschritt auf der Grundlage „funktionierender Software" messen. Aber was ist, wenn der Kunde die Software nicht einsetzen will? Oder wenn ihm die Anwendung der Software nicht gefällt? Aus der Perspektive des Design Thinking wird klar, dass „funktionierend" nicht ausreicht. Stattdessen müssen wir etwas Verwendbares liefern:

- **Es funktioniert.** Was wir erzeugen, muss funktionieren und die Ergebnisse liefern, die unsere Stakeholder erwarten.
- **Es ist einsatzfähig.** Unsere Lösung sollte gut laufen und ein gut gestaltetes Benutzererlebnis (UX) bieten.
- **Es ist erstrebenswert.** Es sollte so sein, dass andere mit unserer Lösung arbeiten wollen oder idealerweise einen Bedarf verspüren, damit zu arbeiten, und uns in den entsprechenden Fällen dafür bezahlen. Wie das erste Prinzip von Disciplined Agile empfiehlt, sollte unsere Lösung unsere Kunden begeistern und nicht nur zufriedenstellen.

Darüber hinaus ist das, was wir erzeugen, nicht nur Software, sondern eine komplett ausgearbeitete Lösung, die eventuell folgende Verbesserungen enthält:

- **Software.** Software ist wichtig, aber nur ein Teilaspekt unserer Gesamtlösung.
- **Hardware.** Unsere Lösungen laufen auf Hardware, und manchmal müssen wir diese Hardware weiterentwickeln oder optimieren.
- **Geschäftsprozesse.** Wir verbessern oft die Geschäftsprozesse rund um die Nutzung des von uns erzeugten Systems.
- **Organisationsstruktur.** Manchmal durchläuft die Organisationsstruktur der Endanwender unserer Systeme im Zuge von Änderungen an den von ihnen unterstützten Funktionen eine Weiterentwicklung.
- **Begleitende Dokumentation.** Dokumentation über den Liefergegenstand, beispielsweise eine technische Übersicht und Bedienungsanleitungen/Hilfe, ist oft ein wichtiger Aspekt unserer Lösungen.

DAD-Terminologie

Tabelle 3.1 ordnet wichtige DAD-Begriffe den gleichwertigen Begriffen in anderen Ansätzen zu. Wir möchten einige wichtige Anmerkungen zur Terminologie machen:

1. **Es gibt keine Standardterminologie für Agil.** Es gibt keinen ISO-Branchenstandard für Agil, und selbst wenn es einen gäbe, würden Agilisten ihn höchstwahrscheinlich nicht befolgen.
2. **Scrum-Terminologie ist bestenfalls fragwürdig.** Als Scrum in den 1990ern entwickelt wurde, entschieden sich die Erschaffer absichtlich für ungewöhnliche Begriffe, die zum Teil aus der Welt des Rugby stammen, um zu zeigen, dass Scrum anders war. Das ist natürlich in Ordnung, aber weil DA eine Mischform ist, können wir uns nicht auf willkürliche Begriffe beschränken.
3. **Begriffe sind wichtig.** Wir finden, dass Begriffe klar sein sollten. Man muss erklären, was ein Scrum Meeting ist und dass es keine Statusbesprechung ist, wogegen ziemlich klar ist, was eine Koordinationsbesprechung ist. Niemand sprintet durch einen Marathon.

4. **Wählen Sie die Begriffe, die Ihnen gefallen.** DAD schreibt keine Terminologie vor. Wenn Sie also Begriffe wie Sprint, Scrum-Meeting oder Scrum Master verwenden wollen, können Sie das gerne tun.

5. **Manche Zuordnungen sind dürftig.** Es muss unbedingt darauf hingewiesen werden, dass die Begriffe sich nicht exakt zuordnen lassen. Wir wissen zum Beispiel, dass es Unterschiede zwischen Coaches, Scrum Mastern und Projektmanagern gibt, aber diese Unterschiede sind in dieser Erörterung unwesentlich.

Tabelle 3.1: Zuordnung unterschiedlicher Begriffe in der agilen Community

DAD	Scrum	Spotify	XP	SAFe®	Herkömmlich
Architektur-verantwortli-cher	-	-	Coach	Lösungsarchi-tekt	Lösungsarchitekt
Koordinati-onsbespre-chung	Daily Standup	Huddle	-	Daily Standup	Statusbespre-chung
Domänenex-perte	-	Kunde	Kunde	Product Owner	Fachexperte (SME)
Iteration	Sprint	Sprint	Iteration	Iteration	Timebox
Product Owner	Product Owner	Product Owner	Kunden-vertreter	Product Owner	Steuerungsgremium für Änderungen (Change Control Board - CCB)
Stakeholder	-	Kunde	Kunde	Kunde	Stakeholder
Team	Team	Squad, Tribe	Team	Team	Team
Teamleitung	Scrum Master	Agile Coach	Coach	Scrum Master	Projektmanager

Kontext zählt: DAD bildet die Grundlage für das taktische Skalieren von Agile

Disciplined Agile (DA) unterscheidet zwischen zwei Arten von „Agilität im großen Maßstab" (agility at scale):

1. **Taktische Agilität im großen Maßstab.** Hierunter versteht man die Anwendung von agilen und lean Strategien auf einzelne DAD-Teams. Ziel ist eine umfassende Anwendung von Agil, um alle Komplexitäten – die sogenannten Skalierungsfaktoren – in geeigneter Form aufzugreifen.

2. **Strategische Agilität im großen Maßstab.** Hierunter versteht man die breite Anwendung von agilen und lean Strategien in der gesamten Organisation. Dazu gehören alle Geschäftsbereiche und Teams in Ihrer Organisation, nicht nur die Softwareentwicklungsteams.

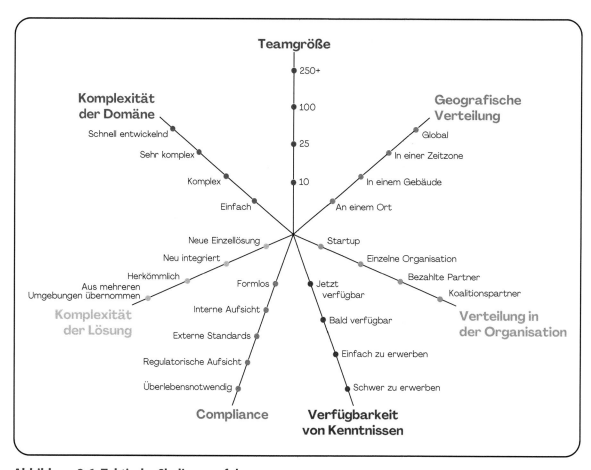

Abbildung 3.6 Taktische Skalierungsfaktoren.

Sehen wir uns genauer an, was die taktische Skalierung der agilen Lösungslieferung bedeutet. Unter „Skalierung" verstehen viele oft große Teams, die geografisch weit verstreut arbeiten. Das kommt eindeutig vor, und Agil wird auch in diesen Situationen erfolgreich angewendet, aber Skalierung bedeutet oft mehr. Organisationen wenden Agil auch in Compliance-Situationen an, d. h. entweder zur Erfüllung regulatorischer Auflagen, wie das amerikanische Gesetz zum Schutz von Gesundheitsdaten (HIPAA), Datenschutzgesetze oder die Datenschutz-Grundverordnung (DSGVO), oder aber selbst auferlegter Bestimmungen, wie Capability Maturity Model Integration (CMMI) [CMMI], die Vorgaben der Internationalen Organisation für Normung (ISO) und der Information Technology Infrastructure Library (ITIL). Sie wenden Agil auch auf eine Reihe von Komplexitäten in Domänen und Technologie an, selbst wenn mehrere Organisationen beteiligt sind (wie beim Outsourcing). Abbildung 3.6 fasst die potenziellen taktischen Skalierungsfaktoren zusammen, die Sie bei der Anpassung Ihrer agilen Strategie berücksichtigen müssen. Diese Skalierungsfaktoren sind Bestandteil des Situation Context Framework (SCF), das in Kapitel 2 beschrieben wurde [SCF]. Ihr Risiko steigt mit zunehmendem Abstand von der Mitte.

DAD bietet eine solide Grundlage für verschiedene Möglichkeiten der taktischen Skalierung von Agil:

- DAD propagiert einen Risiko-Wert-Lebenszyklus, in dem Teams die riskantere Arbeit schon früh in der Absicht angehen, das Risiko ganz oder teilweise zu bewältigen und damit die Chancen auf Erfolg zu erhöhen. In den Augen mancher Leute gilt dies als ein Aspekt des „schnellen Scheiterns", wir sprechen jedoch lieber von „schnellem Lernen" oder, noch besser, von „frühem Erfolg".
- DAD propagiert eine mit effektiver Führung und Aufsicht aufgewertete Selbstorganisation, weil wir beobachtet haben, dass agile Teams innerhalb des Inhalts und Umfangs und der Einschränkungen eines größeren Ökosystems der Organisation tätig sind. Demzufolge empfiehlt DAD die Übernahme einer wirksamen Strategie zu Führung und Aufsicht, die agile Teams anleitet und befähigt.
- DAD propagiert die Lieferung verwendbarer Lösungen mehr als die bloße Entwicklung funktionierender Software.
- DAD propagiert eher ein Unternehmensbewusstsein als ein Teambewusstsein (wie in Kapitel 2 erörtert, ist das ein grundlegendes Prinzip von DA). Damit wollen wir sagen, dass das Team das tun sollte, was für die Organisation richtig ist – Arbeit unter einem gemeinsamen Leitgedanken, Nutzung vorhandener Altsysteme und Datenquellen, Befolgung allgemeiner Leitlinien – und nicht nur das, was für das Team bequem ist oder Spaß macht.
- DAD ist kontextsensitiv und zielgetrieben, nicht präskriptiv (ein weiteres DA-Prinzip lautet, dass Auswahl gut ist). Ein Prozessansatz allein ist nicht für alle geeignet. DAD-Teams besitzen deshalb die Autonomie, ihren WoW zu wählen und weiterzuentwickeln.

Der Anfang mit DAD ist leicht

Wir möchten Ihnen verschiedene Strategien zeigen, mit denen Einzelpersonen, Teams und Organisationen den Einstieg in DAD finden können:

1. **Lesen Sie dieses Buch.** Das ist ein guter Anfang für Einzelpersonen.
2. **Besuchen Sie Schulungen.** Auch wenn Sie dieses Buch gelesen haben, werden Sie vermutlich von Schulungen profitieren, weil Sie damit Ihr Wissen abrunden können. Wir hoffen auch, dass Sie sich eines Tages zu einer Zertifizierung in Disciplined Agile entschließen.
3. **Beginnen Sie mit einer Methode oder einem Regelwerk mit Vorschriftcharakter und befreien Sie sich schrittweise aus Ihrem „Methodengefängnis".** Teams können mit einer existierenden Methode, wie Scrum oder SAFe, beginnen und dann die in diesem Buch beschriebenen Strategien zur Weiterentwicklung ihres WoW anwenden.
4. **Beginnen Sie mit DAD.** Nach unserer Auffassung ist es einfacher, gleich mit DAD anzufangen und damit die Einschränkungen der Methoden mit Vorschriftcharakter von vornherein zu vermeiden.
5. **Arbeiten Sie mit einem erfahrenen Agile Coach.** Wir empfehlen Ihnen, sich an einen Disciplined Agile Coach (DAC)™ zu wenden, der Sie durch die Anwendung des DA-Toolkits leiten kann.

Die Übernahme von Disciplined Agile durch die Organisation braucht Zeit, es dauert möglicherweise Jahre, bis Sie sich zur Unterstützung agiler WoWs in allen Aspekten Ihrer Organisation entschließen. Agile Transformationen dieser Art, die sich zu kontinuierlicher Verbesserungsarbeit auf Organisationsebene ausweiten, sind die Themen in Kapitel 7 und 8 unseres Buchs *An Executive's Guide to Disciplined Agile* [AmblerLines2017].

Zusammenfassung

Disciplined Agile Delivery (DAD) bietet einen pragmatischen Ansatz für den Umgang mit den besonderen Situationen von Lösungslieferteams. DAD greift ausdrücklich die Probleme auf, die sich für agile Teams in Unternehmen ergeben und von vielen agilen Methodiken gerne ignoriert werden. Dazu gehören die Fragen, wie agile Teams erfolgreich gebildet werden, wie Architektur in den agilen Lebenszyklus passt, wie man sich effektiv mit Dokumentation befasst, wie Qualitätsprobleme in der Unternehmensumwelt gehandhabt werden, wie agile Analyseverfahren zur Beantwortung der zahllosen Stakeholderfragen eingesetzt werden, wie die Führung und Aufsicht für agile und schlanke Teams aussehen soll, und viele andere wichtige Problemstellungen.

In diesem Kapitel haben Sie Folgendes gelernt:

- DAD ist der Lieferaspekt von Disciplined Agile (DA).
- Wenn Sie Scrum, XP oder Kanban einsetzen, arbeiten Sie bereits mit abgewandelten Teilbereichen von DAD.
- Sie können mit Ihrem vorhandenen WoW beginnen und ihn dann unter Anwendung von DAD schrittweise optimieren. Sie müssen keine große, abrupte und riskante Änderung vornehmen.
- DAD bietet sechs Lebenszyklen zur Auswahl; sie schreibt keinen einzelnen Ansatz vor, sondern bietet Ihnen vernünftige Auswahlmöglichkeiten als Grundlage für Ihr WoW.
- DAD greift die maßgeblichen Anliegen des Unternehmens auf und zeigt, wie dies unter Berücksichtigung des Kontexts geschehen kann.
- DAD leistet die schwere Prozessarbeit, damit Sie es nicht tun müssen.
- DAD zeigt, wie agile Entwicklung von Anfang bis Ende funktioniert.
- DAD bietet eine flexible Grundlage, von der aus Sie allgemein verwendete Methoden taktisch skalieren können.
- Der Anfang mit DAD ist leicht, und es gibt verschiedene Möglichkeiten für den Einstieg.

Kapitel 4

Rollen, Rechte und Pflichten

*Allein können wir so wenig tun, gemeinsam erreichen
wir so viel.* - Helen Keller

Die wichtigsten Punkte in diesem Kapitel

- Laut DAD gibt es fünf Hauptrollen: Teamleitung, Product Owner, Teammitglied, Architekturverantwortlicher und Stakeholder.

- Der Architekturverantwortliche ist der technische Leiter des Teams und vertritt die Architekturinteressen der Organisation.

- Für die Stakeholderrolle in DAD gilt, dass wir alle Stakeholder begeistern müssen, nicht nur unsere Kunden.

- In vielen Fällen brauchen Teams Individuen in Nebenrollen, die fall- und bedarfsweise besetzt werden: Spezialisten, Domänenexperten, technische Experten, unabhängige Tester oder Integratoren.

- Die Rollen in DAD sind, wie alles andere auch, als Vorschläge für Ausgangspunkte zu verstehen. Möglicherweise haben Sie gute Gründe, die Rollen in Ihrer Organisation anzupassen.

Dieses Kapitel erörtert die potenziellen Rechte und Pflichten der Personen, die mit Teams in der Disciplined Agile Delivery (DAD) zu tun haben, und die Rollen, die sie eventuell übernehmen werden [DADRoles]. Wir sagen „potenziell", weil Sie vielleicht feststellen werden, dass Sie diese Ideen an die kulturelle Umgebung Ihrer Organisation anpassen müssen. Wie dem auch sei, nach unserer Erfahrung wächst Ihr Risiko, je weiter Sie von den nachfolgenden Ratschlägen abweichen. Wie immer gilt: Machen Sie das Bestmögliche in Ihrer speziellen Situation und versuchen Sie, im Lauf der Zeit besser zu werden. Beginnen wir mit allgemeinen Rechten und Pflichten.

Rechte und Pflichten

Die Umstellung auf Agil erfordert einen Kulturwandel in Ihrer Organisation. Alle Kulturen haben explizite und implizite Regeln, damit alle Beteiligten die in sie gesetzten Erwartungen verstehen. Eine Möglichkeit zur Festlegung des erwarteten Verhaltens besteht darin, die Rechte und Pflichten der Beteiligten auszuhandeln. Interessanterweise stammen viele gute Ideen zu diesem Thema aus der Methode des eXtreme Programming (XP), die wir dann für Disciplined Agile (DA) weiterentwickelt haben [RightsResponsibilities]. Die folgenden Listen potenzieller Rechte und Pflichten sollen Ihrem Team als möglicher Ausgangspunkt dienen.

Als agile Teammitglieder haben wir das Recht:

- Auf Behandlung mit Respekt.
- Auf Arbeit in einer „sicheren Umgebung".
- Auf die Erzeugung und das Erhalten hochwertiger Arbeitsergebnisse nach vereinbarten Standards.
- Auf die Wahl und Weiterentwicklung unserer Arbeitsweise (Way of Working, WoW).
- Auf Selbstorganisation und die Planung unserer Arbeit, die Übernahme von Aufgaben, an denen wir arbeiten werden.
- Auf Eigenverantwortung beim Schätzungsprozess – die Personen, die die Arbeit machen, schätzen auch den Arbeitsaufwand.
- Auf die Festlegung der Zusammenarbeit im Team – die Personen, die die Arbeit machen, planen auch die Arbeit.
- Auf den zeitnahen Erhalt von Informationen und Entscheidungen nach Treu und Glauben.

Um es nicht ganz im Wortlaut von Uncle Ben Parker zu sagen: Zu wichtigen Rechten gehören auch wichtige Pflichten. Als agile Teammitglieder haben wir folgende Pflichten:

- Die Optimierung unseres WoW.
- Die Bereitschaft zu weitreichender Kooperation im Team.
- Die Weitergabe aller Informationen, auch zu Umlaufbeständen.
- Die Vermittlung unserer Fähigkeiten und Erfahrungen an unsere Kollegen.
- Die Erweiterung unseres Wissens und unserer Fähigkeiten außerhalb unseres Spezialgebiets.
- Die frühestmögliche Validierung unserer Arbeit in Kooperation mit anderen.
- Teilnahme an Koordinationsbesprechungen mit persönlicher Anwesenheit oder auf anderen Wegen, wenn nicht alle Beteiligten am selben Standort sind.
- Eigenständige Suche nach Möglichkeiten zur Steigerung der Teamleistung.
- Teams, die einem agilen Lebenszyklus (siehe Kapitel 6) folgen, sollten Arbeit außerhalb der aktuellen Iteration nur nach Zustimmung des Teams annehmen.
- Arbeit jederzeit sichtbar machen, in der Regel über ein Taskboard, damit die Transparenz über die aktuelle Teamarbeit und Kapazität gewährleistet ist.

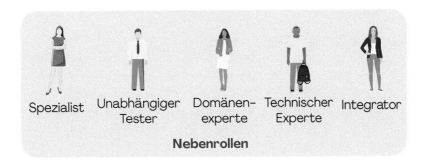

Abbildung 4.1 Mögliche DAD-Rollen.

Mögliche Rollen

DAD sieht fünf „gebrauchsfertige" Hauptrollen vor, von denen drei den Rollen in Scrum ähneln. Wie Sie in Abbildung 4.1 sehen können, hat DAD eine Teamleitung (z. B. leitenden Scrum Master oder Projektmanager), einen Product Owner und Teammitglieder. Bei DAD gibt es dann noch Stakeholder (eine Fortführung des Kunden) und eine Rolle, die sich in Unternehmensumgebungen als äußerst wertvoll erwiesen hat: den Architekturverantwortlichen. Idealerweise haben wir ein „ganzes Team", in dem alle Fähigkeiten vertreten sind, die für die Erledigung der Arbeit gebraucht werden. In nicht-trivialen Situationen werden jedoch häufig Fähigkeiten von außerhalb des Teams benötigt. Das ist zwar nicht ideal, aber DAD enthält deshalb auch einen Satz Nebenrollen, die bei Bedarf zum Team stoßen.

Betrachten wir zunächst die Hauptrollen.

Stakeholder

Stakeholder sind Personen, auf die das Lösungsergebnis wesentlichen Einfluss hat. In dieser Hinsicht ist ein Stakeholder eindeutig mehr als ein Endanwender oder Kunde. Stakeholder könnten sein:

- direkte Anwender,
- indirekte Anwender,
- Manager von Anwendern,
- obere Führungskräfte,
- Mitglieder des Betriebsteams,
- die „Person mit der Geldbörse", die das Team finanziert,
- Mitarbeiter im Support (Help Desk),
- Auditor,
- Programm-/Portfoliomanager,
- Entwickler anderer Lösungen, die mit unserer Lösung integriert werden oder damit interagieren,
- Wartungsfachleute, auf die die Entwicklung bzw. der Einsatz einer softwarebasierten Lösung eventuell Auswirkungen hat, sowie
- viele weitere Rollen.

Product Owner

Der Product Owner ist die Person im Team, die als „die Stimme der Stakeholder" spricht [ScrumGuide]. In Abbildung 4.2 können Sie sehen, dass der Product Owner die Bedürfnisse und Wünsche der Stakeholdergemeinschaft gegenüber dem Agile-Delivery-Team vertritt. Insofern klärt der Product Owner Einzelheiten zu den Wünschen oder Anforderungen der Stakeholder in Bezug auf die Lösung und ist verantwortlich für die Priorisierung der Arbeit, die das Team zur Lieferung der Lösung ausführt. Der Product Owner kann vielleicht nicht alle Fragen beantworten, muss aber die Antwort zeitnah in Erfahrung bringen, damit sich das Team auf seine Aufgaben konzentrieren kann.

Jedes DAD-Team oder Unterteam von großen Programmen, die als Team von Teams strukturiert sind, hat einen eigenen Product Owner. Ein sekundäres Ziel des Product Owners besteht darin, die Arbeit des agilen Teams gegenüber der Stakeholdergemeinschaft zu vertreten. Dazu gehört, für wichtige Stakeholder Vorführungen der Lösung im Verlauf ihrer Entwicklung zu vereinbaren und den Teamstatus mitzuteilen.

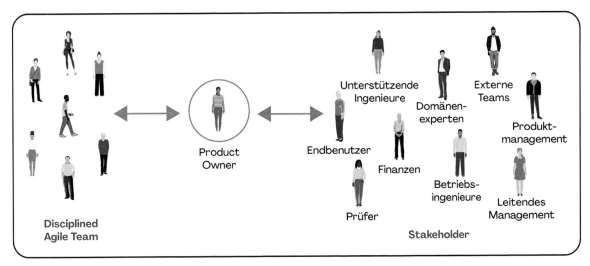

Abbildung 4.2 Der Product Owner als Brücke zwischen Team und Stakeholdern.

Als Vertreter der Stakeholder übernimmt der Product Owner folgende Aufgaben:

- Er ist Ansprechpartner für Domäneninformationen.
- Er liefert Informationen und trifft Entscheidungen zeitnah.
- Er weist der gesamten Arbeit des Teams Prioritäten zu, insbesondere Anforderungen (die vielleicht als User Stories erfasst werden), zu behebende Fehler, zu bedienende Technical Debt und mehr. (Der Product Owner berücksichtigt dabei die Bedürfnisse sowohl der Stakeholder als auch des Teams.)
- Er passt Inhalt und Umfang sowie die Prioritäten kontinuierlich an die sich weiterentwickelnden Bedürfnisse der Stakeholder an.
- Er ist aktiv an Modellierung und Akzeptanztests beteiligt.
- Er hilft dem Team, Zugang zu erfahrenen Stakeholdern zu bekommen.
- Er nimmt die Arbeit des Teams als erledigt oder nicht erledigt ab.
- Er moderiert Besprechungen zur Modellierung der Anforderungen, inklusive Vorbereitung von Anforderungen und vorausschauende Modellierung.
- Er unterrichtet das Team über den Geschäftsbereich und
- Ist das Tor zur Finanzierung.

Bei der Vertretung des agilen Teams gegenüber der Stakeholdergemeinschaft übernimmt der Product Owner folgende Aufgaben:

- Er ist das öffentliche Gesicht des Teams gegenüber den Stakeholdern.
- Er präsentiert wichtigen Stakeholdern die Lösung; zu dieser Aufgabe gehört eventuell das Coaching der Teammitglieder zur Vorführung der Lösung.
- Er kündigt Releases an.
- Er überwacht und kommuniziert den Teamstatus an interessierte Stakeholder; dazu gehört eventuell auch die Erläuterung des automatisierten Team-Dashboards für die Stakeholder und Informationen, wie sie darauf zugreifen können.
- Er organisiert Meilenstein-Prüfungen, die möglichst einfach ausfallen sollten (näher besprochen im Prozessziel „Führung und Aufsicht über das Team").
- Er unterrichtet Stakeholder über die Arbeitsweise (WoW) des Lieferteams und
- Er verhandelt Prioritäten, Inhalt und Umfang, Finanzierung und Terminplan.

Es muss darauf hingewiesen werden, dass die Tätigkeit des Product Owners meist in Vollzeit ausgeübt wird und in komplexen Domänen eventuell sogar weitere Unterstützung benötigt. Eine Herausforderung in diesem Zusammenhang besteht darin, dass diese Rolle in Organisationen, die noch keine Erfahrung mit Agil haben, unseren Beobachtungen zufolge oft nur in Teilzeit betrieben wird – eine bereits beschäftigte Person bekommt auch noch die Rolle des Product Owners aufgedrückt.

Teammitglied

Teammitglieder konzentrieren sich auf die Erzeugung der Lösung für Stakeholder. Teammitglieder arbeiten an Tests, Analysen, Architektur, Design, Programmierung, Planung, Schätzung und vielen weiteren Tätigkeiten, die anfallen. Beachten Sie, dass nicht jedes Teammitglied jede einzelne dieser Fähigkeiten besitzt – zumindest noch nicht am Anfang –, aber einige davon beherrschen und sich im Lauf der Zeit weitere aneignen wird. Im Idealfall sind Teammitglieder generalisierte Spezialisten, die ein oder mehrere Fachgebiete beherrschen (zum Beispiel Analyse, Programmieren, Tests usw.), allgemeines Wissen über den Lieferprozess und zumindest allgemeine Kenntnisse über die Domäne besitzen, in der sie arbeiten; zudem zeigen sie Bereitschaft, neue Fähigkeiten und Wissen von anderen zu lernen [GenSpec]. Abbildung 4.3 vergleicht vier Kategorien von Kompetenzen: Spezialisten, die eng auf ein einzelnes Fachgebiet fokussiert sind, Generalisten mit breitem Wissen, die oft gut im Organisieren und Koordinieren anderer Teammitglieder sind, aber nicht über die für die Arbeit notwendigen Fachkenntnisse verfügen, Experten mit fundiertem Wissen und Kenntnissen auf vielen Fachgebieten und generalisierte Spezialisten, die die goldene Mitte zwischen Generalisten und Spezialisten darstellen.

In der Praxis kann es zunächst einmal wie eine Herkulesaufgabe wirken, wenn man Leute zu generalisierten Spezialisten machen muss – vor allem dann, wenn Agil noch unvertrautes Terrain ist. Denn dieser Ansatz ist ganz anders als die übliche Vorgehensweise, wenn Generalisten Teams aus Spezialisten managen. Der herkömmliche Ansatz ist wegen der dafür notwendigen Gemeinkosten problematisch – Spezialisten machen ihre Arbeit, produzieren etwas für die nächste, im Prozess nachgelagerte Gruppe von Spezialisten. Sie bringen ihre Arbeit weiter; sie

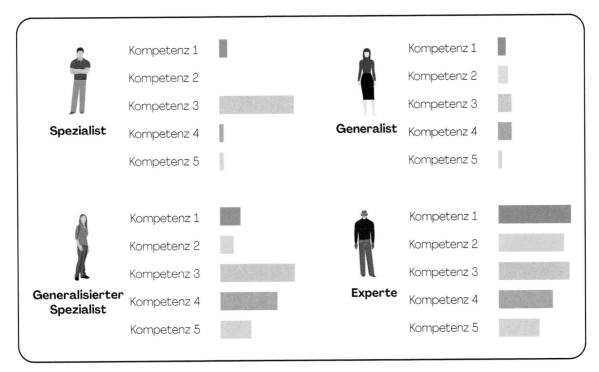

Abbildung 4.3 Die Kenntnisse der Teammitglieder.

müssen eine Dokumentation schreiben und pflegen, die oft neue Versionen von Informationen enthält, die bereits in vorgelagerten Prozessstadien dokumentiert wurden. Kurzum, Spezialisten erzeugen mit einstweiligen Artefakten, Prüfungen dieser Artefakte und Wartezeiten für diese Prüfungen eine Menge Verschwendung. Generalisierte Spezialisten dagegen verfügen über eine breitere Palette an Fähigkeiten, die ihnen eine wirksamere Zusammenarbeit mit anderen und die Ausführung eines größeren Spektrums an Arbeiten erlauben und damit die Erzeugung einstweiliger Artefakte vermeiden. Sie arbeiten intelligenter, nicht härter.

Wenn Agil neu für Sie ist, dann besteht die Herausforderung darin, dass Ihre Mitarbeiter höchstwahrscheinlich entweder Generalisten oder Spezialisten sind, aber kaum generalisierte Spezialisten. Wenn Sie also nur entweder Spezialisten oder Generalisten haben, bedeutet das, dass Sie Ihre Teams aus diesen Leuten bilden. Weil Sie die Produktivität Ihres Teams verbessern wollen, helfen Sie Ihren Teammitgliedern auf ihrem Weg zu generalisierten Spezialisten. Dazu dienen gemeinschaftliche Arbeitsmethoden wie Paarprogrammierung, Mob Programming und Modellierung mit anderen (das wird im Prozessziel „Teammitglieder weiterbilden" besprochen). Auf diese Weise erlernen Spezialisten im Lauf mehrerer Monate eine breitere Palette an Fähigkeiten und werden infolgedessen zu erfolgreicheren generalisierten Spezialisten.

Neben den weiter oben beschriebenen Rechten und Pflichten haben Teammitglieder zusätzliche Pflichten. Sie werden:

- **Sich selbst organisieren.** Teammitglieder werden Aufgaben identifizieren und einschätzen, sich zu Aufgaben melden, die Aufgaben ausführen und ihren Status auf dem Weg zur Fertigstellung verfolgen.
- **Den Product Owner ansprechen, wenn es um Domäneninformationen und Entscheidungen geht.** Obwohl Teammitglieder dem Product Owner Input liefern werden, ist es letzten Endes der Produktverantwortliche, der die Anforderungen und Priorisierung der Arbeit festlegt, nicht die Teammitglieder. Aufseiten der Teammitglieder ist eine Menge Disziplin notwendig, damit sie das respektieren und keine weiteren Features hinzufügen („schleichender Inhalts- und Umfangszuwachs") oder an den Einzelheiten herumraten.
- **Gemeinsam mit dem Architekturverantwortlichen die Architektur weiterentwickeln.** Die Aufgabe des Architekturverantwortlichen besteht darin, das Team durch die Architektur- und Designarbeit zu führen. Teammitglieder arbeiten eng und kooperativ mit dem Architekturverantwortlichen an der Identifizierung und Weiterentwicklung der Architekturstrategie zusammen. Wenn das Team keine Einigung über die einzuschlagende Richtung erzielen kann, muss der Architekturverantwortliche ggf. die entscheidende Stimme abgeben und die seiner Ansicht nach beste Option wählen; von den Teammitgliedern wird dann erwartet, dass sie diese Entscheidung mittragen. Mehr dazu weiter unten.
- **Den Gepflogenheiten des Unternehmens folgen und die bestehende Infrastruktur nutzen und verbessern.** Eines der DA-Prinzipien lautet Unternehmensbewusstsein (siehe Kapitel 2). Als Folge davon werden DAD-Teammitglieder Programmierstandards des Unternehmens, Gestaltungskonventionen für Benutzeroberflächen, Richtlinien für Datenbanken usw. in den geeigneten Fällen übernehmen und die Disziplin besitzen, sie anzupassen. Sie werden auch versuchen, vorhandene und wiederverwertbare Vermögenswerte wie allgemeine Web Services, Regelwerke und sogar vorhandene, alte Datenquellen wiederzuverwenden und aufzuwerten. In DAD gibt es speziell für diese Strategie das Prozessziel „Vorhandene Infrastruktur nutzen und verbessern".
- **Besprechungen leiten.** Obwohl andere agile Methoden diese Aufgabe der Teamleitung übertragen, kann genau genommen jedes Teammitglied Besprechungen leiten oder moderieren. Die Teamleitung muss lediglich sicherstellen, dass dies auch passiert.

Warum nennen wir die Teamleitung nicht Scrum Master?

Weil DA mehrere Lebenszyklusansätze unterstützt, verwendet vermutlich nicht jedes Team in Ihrer Organisation Scrum. Ein agiles Team wird vielleicht von einem Senior Scrum Master geleitet, ein Projektteam von einem Projektmanager, ein schlankes Softwareteam von einem technischen Leiter, ein Vertriebsteam von einem Vertriebsmanager usw. Verschiedene Arten von Teams haben unterschiedliche Arten von Teamleitung.

Teamleitung

Ein wichtiger Aspekt sich selbst organisierender Teams besteht darin, dass die Teamleitung das Team bei der Ausübung technischer Managementtätigkeit unterstützt oder leitet, statt diese Aufgaben selbst zu übernehmen. Die Teamleitung tritt gegenüber dem Team als dienende (servant leader) oder gastgebende (host leader) Führungsperson auf: sie schafft und erhält die Bedingungen aufrecht, die dem Team zum Erfolg verhelfen. Diese Rolle ist manchmal nicht leicht zu besetzen – die innere Einstellung ist hier für den Erfolg entscheidend. Teamleitung ist normalerweise eine Rolle, kein Titel. Je nach Art des Teams trägt die Teamleitung in einem agilen Produktteam eventuell den Titel Senior Scrum Master, in einem einfachen Scrum-Team den Titel Scrum Master, in einem agilen Projektteam heißt sie Projektmanager, im Marketingteam Marketingdirektor, in einem Enterprise-Architecture-Team Chief Enterprise-Architect usw. Verschiedene Arten von Teams haben unterschiedliche Teamleiter und sehr wahrscheinlich unterschiedliche Stellenbezeichnungen.

In Hochleistungsteams wechselt die Rolle der Teamleitung oft innerhalb des Teams, wenn die Mitglieder sich wohl dabei fühlen. In diesen Teams teilt man sich die Führungsverantwortung und die Last (und Monotonie) der Moderation von Meetings („Ceremonies") unter mehreren Leuten auf.

Die Teamleitung ist auch Agile Coach, genauer wäre vielleicht die Bezeichnung „Junior Agile Coach", da ein Disciplined Agile Coach (DAC)™ in der Regel mit mehreren und oft grundverschiedenen Teams arbeitet, während die Teamleitung sich auf das Coaching ihres eigenen Teams konzentriert. Als Coach sorgt die Teamleitung dafür, dass das Team die Lieferung von Arbeitsaufgaben und die Erfüllung der Iterationsziele und Zusagen, die es dem Product Owner gegenüber gemacht hat, nicht aus den Augen verliert. Sie tritt als echte Führungsperson auf, moderiert die Kommunikation, befähigt das Team dazu, seine Arbeitsweise (Way of Working, WoW) zu wählen; dabei stellt sie sicher, dass das Team über die notwendigen Ressourcen verfügt, und räumt Hindernisse für das Team zeitnah aus dem Weg (Problemlösung). Wenn Teams sich selbst organisieren, ist effektive Führung entscheidend für ihren Erfolg.

Beachten Sie, dass wir gesagt haben, die Teamleitung „coacht" statt „bestimmt" oder „diktiert" den WoW des Teams. In DA ist das gesamte Team für seinen WoW verantwortlich, nicht nur die Teamleitung oder gar eine Person außerhalb des Teams.

Die Führungsverantwortung der Teamleitung lässt sich wie folgt zusammenfassen:

- Sie führt das Team durch die Wahl und Weiterentwicklung seines WoW.
- Sie ermöglicht enge, rollen- und funktionsübergreifende Zusammenarbeit.
- Sie sorgt dafür, dass das Team voll funktionsfähig und produktiv ist.
- Sie sorgt dafür, dass das Team sich im Rahmen seines Kontexts auf seinen Leitgedanken und seine Ziele konzentriert.
- Sie ist für die Beseitigung teambasierter Hindernisse und für das Eskalieren organisationsweiter Hindernisse in Zusammenarbeit mit der Führung der Organisation verantwortlich.
- Sie schützt das Team vor Unterbrechungen und Beeinflussungen von außen.
- Sie pflegt offene, ehrliche Kommunikation unter allen Beteiligten.
- Sie coacht andere in der Verwendung und Anwendung agiler Praktiken.
- Sie fordert das Team auf, über identifizierte Probleme zu sprechen und nachzudenken.
- Sie moderiert die Entscheidungsfindung, trifft aber selbst keine Entscheidungen bzw. gibt keine internen Arbeitsanweisungen an das Team und
- Sie stellt sicher, dass das Team sich auf die Erzeugung einer potenziell verwertbaren Lösung konzentriert.

Wenn eine Teamleitung ein Projekt- oder Funktionsteam (z. B. ein Marketingteam) betreut, dann wird die Teamleitung eventuell gebeten, die Managementaufgaben zu übernehmen, die bei agilen Regelwerken oft in den Hintergrund treten. Diese zusätzlichen Aufgaben, die die Teamleitung möglicherweise zu erfüllen hat, und die damit einhergehenden Herausforderungen sind unter anderem:

- **Beurteilung der Teammitglieder.** Es stehen mehrere Strategien zur Auswahl, wie man Leute beurteilt oder Feedback gibt; sie sind im Prozessziel „Teammitglieder weiterentwickeln" beschrieben. Die Anwendung dieser Strategien ist oft Aufgabe eines Personalmanagers, aber manchmal stehen Leute, die diese Rollen bekleiden, nicht zur Verfügung. Wenn die Teamleitung für die Beurteilung ihrer Teamkollegen verantwortlich ist, rückt sie in eine Machtstellung gegenüber den Personen, die sie führen und mit denen sie zusammenarbeiten soll. Das kann zu einer deutlichen Veränderung in der Beziehungsdynamik zwischen Teammitgliedern und Teamleitung führen und die psychologische Sicherheit in der Zusammenarbeit mit der Teamleitung mindern, weil die Teammitglieder nicht wissen, welche Auswirkungen das auf ihre Beurteilung haben wird.
- **Verwaltung des Teambudgets.** Obwohl normalerweise der Product Owner für die Finanzen zuständig ist, muss manchmal eine andere Person nachverfolgen und berichten, wie die Mittel verwendet wurden. Wenn der Product Owner diese Arbeit nicht übernimmt, wird in der Regel die Teamleitung dafür zuständig.
- **Berichte an das Management.** Hiermit wird sichergestellt, dass jemand im Team (vielleicht das Team selbst) relevante Kennzahlen zum Team erfasst und der Führung der Organisation über den Fortschritt des Teams berichtet. Diese Art der Berichterstattung ist hoffentlich über eine Dashboard-Technologie automatisiert, andernfalls ist die Teamleitung oft für die manuelle Erstellung der notwendigen Berichte zuständig. Die Prozessziele „Kennzahlen strukturieren" und „Ergebnisse messen" behandeln das Thema Kennzahlen ausführlich.

- **Beschaffung von Ressourcen.** Die Teamleitung muss oft sicherstellen, dass dem Team das Werkzeug zum gemeinsamen Arbeiten, wie Taskboards für die Teamkoordination und Whiteboards für die Modellierung, zur Verfügung steht.
- **Moderation von Besprechungen.** Hiermit wird sichergestellt, dass jemand im Team (manchmal das Team selbst) die verschiedenen Besprechungen (zur Koordination, Iterationsplanung, Präsentation, Modellierung und für Retrospektiven) moderiert.

Die Rolle der Teamleitung wird oft, insbesondere in kleineren Teams, in Teilzeit ausgeübt. Das bedeutet, dass die Teamleitung entweder die Fähigkeiten besitzen muss, als Teammitglied oder in manchen Fällen als Architekturverantwortlicher zu arbeiten (mehr dazu siehe unten). In einem Team, das noch nicht viel Erfahrung mit Agil hat, sind die Coaching-Aspekte der Teamleitung jedoch entscheidend für eine erfolgreiche Übernahme von Agil. Organisationen, die erst am Anfang von Agil stehen, haben damit manchmal konzeptionelle Schwierigkeiten, weil sie bisher noch keine Investitionen dieser Art in die Weiterentwicklung ihrer Belegschaft leisten mussten.

Eine weitere Alternative besteht darin, eine Teamleitung für zwei oder drei Teams einzurichten. Das bedeutet allerdings, dass Teams ihre Zusammenkünfte wie Koordinationsbesprechungen, Präsentationen und Retrospektiven aufeinander abstimmen müssen, damit die Teamleitung daran teilnehmen kann. Das kann in Teams funktionieren, die Erfahrung mit agilen Denkweisen und Verfahren haben, weil sie nicht so viel Coaching brauchen. Je stärker Teams zu einer Gruppe zusammenwachsen und sich selbst organisieren, umso weniger brauchen sie jemanden als Teamleitung; es reicht eventuell, wenn jemand von Zeit zu Zeit die Aufgaben der Teamleitung übernimmt.

Architekturverantwortlicher

Der Architekturverantwortliche ist die Person, die das Team durch Architektur- und Designentscheidungen führt und damit die Identifizierung und Weiterentwicklung des allgemeinen Lösungsdesigns ermöglicht [AgileModeling]. In kleinen Teams wird die Rolle der Teamleitung und des Architekturverantwortlichen oft von ein und derselben Person wahrgenommen, sofern sie über entsprechende Kenntnisse verfügt. Allerdings haben wir festgestellt, dass es bereits ziemlich schwierig ist, eine qualifizierte Kraft für eine dieser Rollen zu finden, ganz zu schweigen für beide.

Obwohl normalerweise der dienstälteste Entwickler im Team als Architekturverantwortlicher fungiert – und manchmal als technischer Architekt, Software- oder Lösungsarchitekt bezeichnet wird –, handelt es sich hier nicht um eine hierarchische Position, an die andere Teammitglieder berichten. Von Architekturverantwortlichen wird erwartet, dass sie sich genau wie alle anderen Teammitglieder für Aufträge melden und diese erledigen. Architekturverantwortliche sollten einen technischen Hintergrund und solide Kenntnisse über den Geschäftsbereich mitbringen.

Die Aufgaben des Architekturverantwortlichen sind unter anderem:

- Leitung der Erzeugung und Weiterentwicklung der Lösungsarchitektur, an dem das Team arbeitet. (Hinweis: Der Architekturverantwortliche ist nicht allein für die Architektur verantwortlich, vielmehr leitet er die Architektur- und Designbesprechungen.)
- Betreuung und Coaching anderer Teammitglieder zu Architekturpraktiken und -problemen.
- Verständnis der Richtung und Standards Ihrer Organisation in Bezug auf die Architektur und Hilfe bei der Gewährleistung, dass das Team diese in geeigneter Weise einhält.
- Enge Zusammenarbeit mit den Unternehmensarchitekten, falls vorhanden; vielleicht sogar selbst Unternehmensarchitekt sein. (Hinweis: Das kann eine interessante Änderung für größere Organisationen bedeuten, deren Unternehmensarchitekten derzeit nicht aktiv in Teams involviert sind. In kleineren Organisation ist das ziemlich häufig der Fall.)
- Enge Zusammenarbeit mit dem Product Owner, damit dieser die Bedürfnisse der technischen Stakeholder, die Folgen von Technical Debt und die Notwendigkeit, diese durch Investitionen zu bedienen, versteht und in manchen Fällen auch die Teammitglieder versteht und wirksamer mit ihnen interagiert.
- Verständnis der vorhandenen Vermögenswerte des Unternehmens, wie Regelwerke, Muster und Teilsysteme, und Gewährleistung, dass das Team sie in geeigneten Fällen nutzt.
- Sicherstellen, dass die Lösung leicht unterstützt werden kann; dies geschieht durch die Förderung von gutem Design und Refaktorierung zur Minimierung von Technical Debt (der Kern des DAD-Prozessziels „Qualität verbessern").
- Gewährleisten, dass die Lösung regelmäßig integriert und getestet wird, idealerweise im Rahmen einer Strategie der fortlaufenden Integration (Continuous Integration, CI).
- Das letzte Wort bei technischen Entscheidungen, allerdings mit der Maßgabe, die Architekturrichtung nicht per Diktat, sondern über einen kooperativen, teambasierten Ansatz zu bestimmen (der Architekturverantwortliche sollte sehr eng mit dem Team an der Identifizierung und Festlegung von Strategien zur Eindämmung zentraler technischer Risiken arbeiten, die im DAD-Prozessziel „Architektur früh unter Beweis stellen" besprochen werden).
- Leitung der ersten Arbeiten zum Architektur-Envisioning am Anfang einer Release und Unterstützung der ersten Arbeiten zum Envisioning der Anforderungen (besonders dann, wenn es um das Verständnis und die Weiterentwicklung der nicht funktionsabhängigen Anforderungen für die Lösung geht).

Mögliche Nebenrollen

Wir würden gerne behaupten können, dass Sie für Ihren Erfolg nur die fünf oben beschriebenen Hauptrollen brauchen. Tatsache ist allerdings, dass die Hauptrollen nicht die ganze Bandbreite abdecken – Ihr Team besitzt wahrscheinlich nicht das ganze technische Fachwissen, das es braucht. Es ist unmöglich, dass Ihr Produktverantwortlicher Expertenwissen in allen Aspekten der Domäne besitzt, und selbst wenn Ihre Organisation Experten für alle Aspekte der Lösungslieferung hätte, könnte sie nicht jedes einzelne Team mit der gesamten Palette an benötigten Fachleuten besetzen. Ihr Team muss möglicherweise eine oder mehrere der folgenden Rollen ergänzen:

1. **Domänenexperte (Fachexperte).** Der Produktverantwortliche vertritt ein breites Spektrum an Stakeholdern, nicht nur Endanwender. Man darf deshalb von ihm nicht erwarten, dass er sich in allen Einzelheiten der Domäne auskennt – und das gilt insbesondere für komplexe Domänen. Der Produktverantwortliche wird manchmal Domänenexperten an der Teamarbeit beteiligen (z. B. Steuerfachleute, die die Einzelheiten einer Anforderung erklären, oder einen hochrangigen Vertreter des Sponsors, der den Leitgedanken erläutert).

2. **Spezialisten.** Obwohl die meisten agilen Teammitglieder generalisierte Spezialisten sind, werden manchmal – vor allem bei großen Vorhaben – Spezialisten gebraucht. In großen Teams oder in komplexen Domänen ergänzen ein oder mehrere agile Geschäftsanalysten das Team und helfen bei der Feststellung, welche Anforderungen für das, was Sie bauen, gelten sollen. Bei sehr großen Teams muss eventuell ein Programmmanager hinzugezogen werden, der die Teamleitungen der einzelnen Gruppen/Teilteams koordiniert. Sie werden auch Spezialisten in Teams sehen, wenn noch keine generalisierten Spezialisten verfügbar sind – wenn Ihre Organisation erst neu in Agil einsteigt, hat sie vermutlich Spezialisten, die die Umstellung auf generalisierte Spezialisten noch nicht vollzogen haben.

3. **Technische Experten.** Manchmal braucht das Team Hilfe von technischen Experten, zum Beispiel einen Build Master, der bei der Erstellung der Build-Skripts hilft, einen agilen Datenbank-Administrator, der bei Gestaltung und Testen der Datenbank hilft, oder einen Sicherheitsexperten für die Beratung beim Schreiben einer sicheren Lösung. Technische Experten werden bedarfsweise und auf bestimmte Zeit bestellt, damit sie dem Team bei der Lösung eines schwierigen Problems helfen und einem oder mehreren Entwicklern im Team ihre Kenntnisse beibringen. Technische Experten arbeiten oft in anderen Teams, die für technische Fragen auf Unternehmensebene verantwortlich sind, oder sie sind einfach Spezialisten, die von anderen Lieferteams an Ihr Team ausgeliehen werden.

4. **Unabhängige Tester.** Obwohl die meisten Tests von den Leuten im DAD-Team selbst durchgeführt werden, bekommen manche Teams Unterstützung von einem parallel arbeitenden, unabhängigen Testteam, das ihre Arbeit während des gesamten Lebenszyklus validiert. Dieses unabhängige Testteam wird in der Regel für Skalierungssituationen in komplexen Domänen gebraucht; es arbeitet mit komplexer Technologie oder kümmert sich um Fragen der regulatorischen Compliance.

5. **Integrator.** In großen DAD-Teams, die in ein Team aus Teilteams/Gruppen gegliedert wurden, sind normalerweise diese Teilteams für eines oder mehrere Untersysteme oder Features verantwortlich. Es gilt allgemein: Je größer das Team insgesamt, umso größer und komplizierter ist die Lösung, die erzeugt wird. In diesen Situationen braucht das Gesamtteam ggf. eine oder mehrere Personen in der Rolle des Integrators, der für den Bau der Gesamtlösung aus ihren verschiedenen Teilsystemen verantwortlich ist. In kleineren Teams oder einfacheren Situationen ist normalerweise der Architekturverantwortliche für die Integration zuständig; diese Aufgabe wird in komplexeren Umgebungen von einem oder mehreren Integratoren übernommen. Bei der Durchführung regelmäßiger Systemintegrationstests während der Release arbeiten Integratoren oft eng mit dem unabhängigen Testteam zusammen, falls es eines gibt. Diese Rolle des Integrators wird gewöhnlich nur bei komplexen technischen Lösungen großen Ausmaßes gebraucht.

Eine interessante Folge für Organisationen, die erst am Anfang von Agil stehen, besteht darin, dass agile Teams Zugang zu Leuten in diesen Nebenrollen früher im Lebenszyklus brauchen, als bei herkömmlichen Teams üblich ist. Weil sich Agil ständig weiterentwickelt, ist der Zeitpunkt für diesen Zugang oft weniger vorhersehbar als bei der herkömmlichen Entwicklung. Wir haben festgestellt, dass Leute in diesen Nebenrollen flexibel sein müssen.

Die drei Führungsrollen

Wir bezeichnen die Teamleitung, den Product Owner und Architekturverantwortlichen oft als das Trio der Teamführung. In Abbildung 4.4 können Sie sehen, dass der Product Owner sich darauf konzentriert, dass das richtige Produkt gebaut wird, der Architekturverantwortliche darauf, dass das Produkt richtig gebaut wird, während die Teamleitung für die schnelle Ausführung zuständig ist. Diese drei Prioritäten müssen in enger Zusammenarbeit unter den Leuten in diesen Rollen in ein Gleichgewicht gebracht werden. Abbildung 4.4 zeigt auch, was passiert, wenn eine dieser Prioritäten vernachlässigt wird. Wenn Teams noch nicht viel Erfahrung mit Agil haben, ist der Fleck in der Mitte vermutlich erst ziemlich klein. Im Lauf der Zeit aber werden die drei Führungsrollen und vor allem das ganze Team selbst dafür sorgen, dass er größer wird.

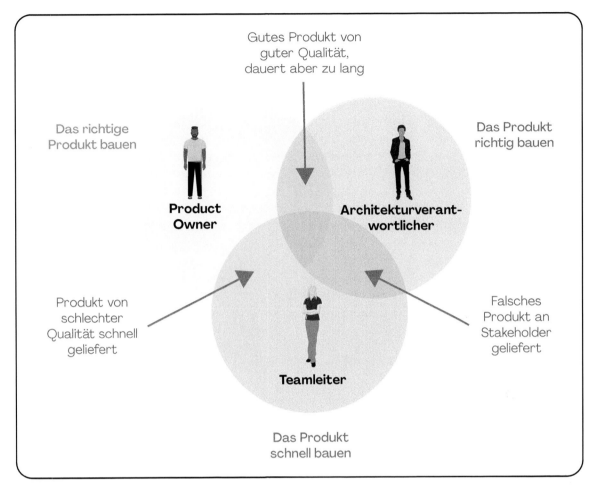

Abbildung 4.4 Sichtweisen der drei Führungsrollen.

Brauchen wir die Scrum-Rollen überhaupt?

Die Welt sah anders aus, als Scrum in den 1990ern entwickelt wurde. Wir waren daran gewohnt, in Spezialisten-Silos zu arbeiten, Software aus Dokumenten zu erstellen, und wussten nicht wirklich, wie und wann Zusammenarbeit angezeigt war; deshalb brauchten wir einen Scrum Master, der alle Teammitglieder zusammenbrachte und hinter einem Teamziel vereinte. Heutzutage haben viele jüngere Entwickler noch nie in einer abgeschotteten Silo-Umgebung gearbeitet. Sie brauchen keine designierte Rolle im Team, um für eine wirksame Zusammenarbeit zu sorgen. Warum brauchen wir dann einen formellen Product Owner als Verbindungsglied zwischen Team und den restlichen Stakeholdern? Dieser Grad der Trennung erhöht die Wahrscheinlichkeit von Fehlkommunikation und schränkt die Chancen der Teams ein, Empathie für die Leute aufzubringen, für die sie die Lösung bauen. In der Anfangszeit von Scrum war es schwierig, Zugang zu den Stakeholdern zu bekommen; deshalb wurde der „obligatorische" Product Owner geschaffen. Heute ist der direkte Zugang zu allen Stakeholdern und hoffentlich die aktive Beteiligung der Stakeholder allgemein akzeptierte Praxis.

In Disciplined Agile müssen wir Teams ständig daran erinnern, dass Kontext zählt und Auswahl gut ist. Wie alles in DA sind die hier skizzierten Rollen „sinnvolle Vorschläge", die in Ihrer Situation vielleicht passen, vielleicht auch nicht. Im Prozessziel „Team bilden" fordern wir Sie dazu auf, die Rollen in Betracht zu ziehen, die für Ihr Team sinnvoll sind. Wenn Agil noch Neuland für Sie ist und die Organisation wenig Widerstand gegenüber Änderungen leistet, dann sollten Sie vermutlich die klassischen DAD-Rollen übernehmen. Wenn Ihre agile Reife und Kompetenz weiter fortgeschritten sind oder die Übernahme neuer Rollen zu sehr stören würde, dann sollten Sie die Rollen dementsprechend anpassen.

Anpassung der DAD-Teamrollen an Ihre Organisation

Wie bereits erwähnt, bilden Sie Ihre Teams aus den Leuten, die Sie haben. Viele Organisationen stellen fest, dass sie die eine oder andere Rolle nicht besetzen können oder dass manche DAD-Rollen einfach nicht gut zu ihrer Kultur passen. Demzufolge müssen sie die Rollen an ihre Gegebenheiten anpassen. Die Anpassung der Rollen ist nicht unproblematisch, weil wir festgestellt haben, dass die DAD-Rollen in der Praxis sehr gut funktionieren. Mit jeder Anpassung erhöhen Sie also das Risiko für das Team. Tabelle 4.1 erfasst Optionen zur Anpassung der Hauptrollen und die damit einhergehenden Risiken.

Tabelle 4.1 Mögliche Anpassungsoptionen für die Hauptrollen

Rolle	Anpassungsoptionen und Risiken
Architekturverant- wortlicher	• **Anwendungs-/Lösungsarchitekt** Ein herkömmlicher Architekt arbeitet nicht so kooperativ wie ein Architekturverantwortlicher und läuft deshalb Gefahr, dass sein Leitgedanke vom Team missverstanden oder ignoriert wird. • **Kein Architekturverantwortlicher.** Wenn die Rolle des Architekturverant-wortlichen unbesetzt ist, muss das Team aktiv zusammenarbeiten, um selbst eine Architekturstrategie zu bestimmen; das führt oft dazu, dass das Team Architekturfragen übersieht und später im Lebenszyklus den Preis dafür in Form von vermehrter Nacharbeit zahlt.
Product Owner	• **Geschäftsanalyst.** Geschäftsanalysten besitzen normalerweise nicht die Entscheidungsbefugnis eines Product Owners, werden also zum Engpass, wenn das Team eine schnelle Entscheidung braucht. Geschäftsanalysten bevorzugen meist auch die Erstellung einer Dokumentation der Anforderungen statt die direkte Zusammenarbeit mit Teammitgliedern. • **Aktive Beteiligung der Stakeholder.** Teammitglieder arbeiten direkt mit den Stakeholdern zusammen, damit sie ihre Bedürfnisse verstehen und Feedback zu ihrer Arbeit bekommen. Das Team braucht einen Weg zur Identifizierung und Erarbeitung eines einheitlichen Leitgedankens, weil es sonst Gefahr läuft, in mehrere Richtungen gezerrt zu werden.
Stakeholder	• **Personas.** Obwohl es immer Stakeholder gibt, haben Sie womöglich keinen Zugang zu ihnen oder, korrekter gesagt, keinen Zugang zur ganzen Bandbreite der Stakeholder. Personas sind fiktive Figuren, die Klassen von Stakeholdern repräsentieren. Mithilfe dieser Personas können Teams über diese fiktiven Figuren reden und erforschen, wie diese Figuren mit der Lösung interagieren würden.
Teamleitung	• **Scrum Master.** Die Ergebnisse mit Scrum Masters in Teams waren gemischt, insbesondere weil die Bezeichnung Certified ScrumMaster® (CSM) ohne großen Aufwand zu bekommen ist. Infolgedessen schlagen wir vor, dass Sie diese Rolle mit einem qualifizierten Senior Scrum Master und nicht einfach mit einem CSM besetzen. • **Projektmanager.** Mit der Zuweisung von Arbeit und der Überwachung des Teams macht es ein Projektmanager dem Team unmöglich, die Vorteile von Selbstorganisation zu nutzen, und wird sehr wahrscheinlich die psycholo-gische Sicherheit im Team senken. Dessen ungeachtet ist ein beträchtlicher Prozentsatz aller Projektmanager bereit und in der Lage, die Kommando- und Kontrollstrategien zugunsten eines Führungsansatzes aufzugeben. • **Keine Teamleitung.** Wir haben wahrhaft sich selbst organisierende Teams gesehen, die keine Teamleitung brauchen. Es hat immer schon Teams gegeben, die seit langem zusammenarbeiten und deren Mitglieder die Aufgaben, die normalerweise der Teamleitung zugeschrieben würden, bei Bedarf selbst übernehmen, genau wie jede andere Arbeit auch.
Teammitglied	• **Spezialisten.** Wie bereits erwähnt, bilden Sie Ihr Team aus Spezialisten, wenn Sie nichts anderes haben.

DAD und herkömmliche Rollen

Viele agile Puristen werden behaupten, dass herkömmliche Rollen wie Projektmanager, Geschäftsanalyst, Ressourcenmanager und viele andere mit Agil nicht mehr gebraucht werden. Das *kann* langfristig vielleicht sogar der Fall sein, kurzfristig gesehen ist es aber nicht sinnvoll. Die Abschaffung herkömmlicher Rollen zu Beginn Ihrer agilen Transformation bedeutet Umwälzungen und führt oft zu Widerstand gegen die Übernahme von Agil sowie zu ihrer Untergrabung. Wir ziehen einen schrittweisen Ansatz, der Menschen und ihre Karrierewünsche respektiert, gegenüber einem Hauruck-Ansatz vor. Auch wenn Agil andere Arbeitsweisen verlangt, sind die Kenntnisse und Sorgfalt der herkömmlichen Fachrichtungen immer noch äußerst wertvoll. Projektmanager verstehen Risikomanagement, die Einschätzung von Strategien und Release-Planung. Klassisch ausgebildete oder zertifizierte Geschäftsanalysten bringen einen reichhaltigen Werkzeugsatz mit Modellierungsoptionen mit (viele davon sind im Ziel „Inhalt und Umfang erforschen" beschrieben). Die Behauptung, dass wir keine Projektmanager oder Geschäftsanalysten brauchen, ist kurzsichtig, naiv und respektlos gegenüber diesen Berufsständen.

Ungeachtet dessen sind die DAD-Rollen in der Praxis ungeheuer effektiv. Wenn wir mit Organisationen an der Verbesserung ihres WoW arbeiten, helfen wir möglichst vielen Leuten bei der Umstellung von ihren bestehenden herkömmlichen Rollen auf DAD-Rollen, die sie in der Praxis oft als erfüllender empfinden. Abbildung 4.5 zeigt häufige Optionen für mehrere herkömmliche Rollen. Wir zeigen Verallgemeinerungen, daher ist es wichtig zu erkennen, dass Leute ihren eigenen Karriereweg auf der Grundlage ihrer eigenen Vorlieben und Wünsche wählen werden – alle haben Karriereoptionen in Agil. Man muss erkennen, dass in einer agilen Organisation alle einen passenden Platz finden können, wenn sie bereit sind, ein neues WoW zu erlernen und sich in einer neuen Rolle zurechtzufinden.

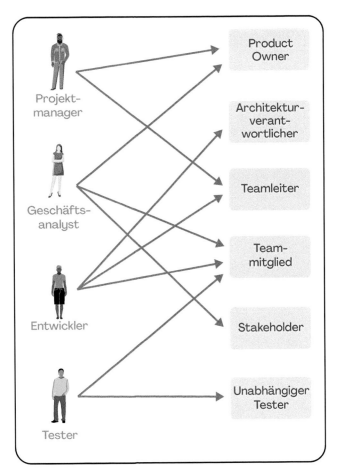

Abbildung 4.5 Gewöhnliche Umstellungen von herkömmlichen auf DAD-Rollen.

Zusammenfassung

Dieses Kapitel erörterte die potenziellen Rechte und Pflichten der Personen, die mit DAD-Teams zu tun haben, und die Rollen, die sie ggf. übernehmen. Wir sagen „potenziell",
weil Sie diese Ideen an die kulturelle Umgebung Ihrer Organisation anpassen müssen. In jedem Fall haben wir gezeigt, dass Ihr Risiko wächst, je weiter Sie von den Rollen und Pflichten laut DAD abweichen. Sie haben Folgendes gelernt:

- DAD definiert fünf Hauptrollen – Teamleitung, Product Owner, Teammitglied, Architekturverantwortlicher und Stakeholder –, die in allen Teams besetzt werden.
- In vielen Fällen brauchen Teams Leute in Nebenrollen, die fall- und bedarfsweise besetzt werden: Spezialisten, Domänenexperten, technische Experten, unabhängige Tester oder Integratoren.
- Die Rollen in DAD sind, wie alles andere auch, als Vorschläge für Ausgangspunkte zu verstehen. Sie haben vielleicht stichhaltige Gründe für die Anpassung der Rollen an Ihre Organisation.
- Bei Rollen gilt wie immer: Machen Sie das Bestmögliche in Ihrer spezifischen Situation und versuchen Sie, im Lauf der Zeit besser zu werden.

Kapitel 5

Prozessziele

Wir müssen lernen, die Unterschiede zwischen uns selbst und unseren Ideen
nicht nur zu akzeptieren, sondern begeistert aufzunehmen und Gefallen
daran zu finden – Gene Roddenberry

Die wichtigsten Punkte in diesem Kapitel

- Obwohl jedes Team auf seine besondere Weise arbeitet, muss es dieselben Prozessziele (Prozessergebnisse) behandeln.
- Prozessziele führen Sie durch die Aspekte, die Sie bedenken müssen, und durch Ihre potenziellen Optionen; sie schreiben nicht vor, was Sie zu tun haben.
- DAD-Prozessziele geben Ihnen Auswahlmöglichkeiten, die jedoch Kompromisse erfordern.
- Versuchen Sie, das Bestmögliche in Ihrer speziellen Situation zu machen.
- Die DAD-Prozessziele erscheinen zunächst übermäßig kompliziert; fragen Sie sich, was Sie weglassen würden.

Disciplined Agile Delivery (DAD) unterstützt Teams bei der Wahl ihrer Arbeitsweise (Way of Working, WoW) mit einem unkomplizierten Ansatz. Prozessziele führen Teams durch die prozessbezogenen Entscheidungen, die sie zur Anpassung agiler Strategien an den Kontext ihrer Situation treffen müssen [Ziele]. Das wird manchmal als kompetenzgetriebener WoW, prozessergebnisgetriebener WoW oder als vektorgetriebener Ansatz bezeichnet.

Jedes Prozessziel in DAD skizziert grob das Prozessergebnis, wie etwa die Verbesserung der Qualität oder Ermittlung des anfänglichen Inhalts und Umfangs, ohne Vorschriften über die Vorgehensweise zu machen. Vielmehr verweist ein Prozessziel auf die Probleme, die es zu berücksichtigen gilt – wir sprechen hier von Entscheidungspunkten – und auf potenzielle Optionen, die Sie eventuell übernehmen werden.

Prozessziele führen Teams durch die prozessbezogenen Entscheidungen, die sie zur Anpassung agiler Strategien an den Kontext ihrer Situation treffen müssen. Diese Anpassungsarbeit sollte höchstens ein paar Stunden dauern, nicht Tage, und die unkomplizierten Zieldiagramme von DAD helfen Ihnen bei der Verschlankung Ihrer Vorgehensweise. Prozessziele sind ein empfohlener Ansatz, Teams bei der Wahl ihres WoW zu unterstützen, und ein unerlässliches Element im Prozessgerüst von Disciplined Agile (DA).

Gründe für einen zielgetriebenen Ansatz

In Kapitel 1 haben wir gelernt, dass es mehrere gute Gründe dafür gibt, warum ein Team für seinen Prozess selbst verantwortlich sein, seinen WoW wählen und im Lauf der Zeit weiterentwickeln sollte. Erstens befindet sich jedes Team in einer einzigartigen Situation und sollte deshalb seinen Ansatz bestmöglich an diese Situation anpassen und die Weiterentwicklung der Situation als Anhaltspunkt für die Weiterentwicklung seines WoW nehmen. Mit anderen Worten: Kontext zählt. Zweitens braucht man Auswahlmöglichkeiten und muss sie auch kennen – Sie können keine Verantwortung für Ihren Prozess übernehmen, wenn Sie nicht wissen, was zur Auswahl steht. Drittens wollen wir mit unserer Tätigkeit beeindrucken. Also brauchen wir die Flexibilität, damit wir mit Arbeitsweisen experimentieren können; nur so lässt sich herausfinden, wie wir als Team einen möglichst starken Eindruck hinterlassen.

Die meisten Teams haben Schwierigkeiten damit, wirklich Verantwortung für ihren Prozess zu übernehmen; das kommt meist daher, dass sie nicht über die nötige Prozesserfahrung im Team verfügen. Also brauchen sie ein wenig Hilfe, und Prozessziele sind ein wichtiger Teil dieser Hilfe. Nach unserer Erfahrung hat ein zielgetriebener Ansatz mehrere grundlegende Vorteile für die agile Lösungslieferung:

- Teams können sich damit auf Prozessergebnisse statt auf Einhaltung der Prozessregeln konzentrieren.
- Der Ansatz bietet einen präzisen, gemeinsamen Weg zu schlanken und weniger verschwenderischen Prozessentscheidungen.
- Er unterstützt die Wahl des eigenen WoW, weil er ausdrücklich auf die Prozessentscheidungen verweist.
- Er verdeutlicht Ihre Prozessoptionen und erleichtert dadurch die Identifizierung der Strategie, die für Ihre Situation geeignet ist.
- Er sorgt für effektives Skalieren, weil er Ihnen gut durchdachte Strategien an die Hand gibt, die Ihnen die Behandlung groß skalierter Komplexitäten ermöglichen.
- Er zeichnet klar vor, wie Sie agile Methoden ausweiten, und ermöglicht es Ihnen dadurch, sich auf Ihre eigentliche Aufgabe zu konzentrieren: Wert für Ihre Stakeholder erzeugen.
- Er verdeutlicht, welche Risiken Sie eingehen, und erlaubt Ihnen dadurch, Ihre Erfolgschancen zu erhöhen.
- Er verweist auf ein agiles Reifemodell (das ist wichtig für Organisationen, die Schwierigkeiten damit haben, herkömmliche Reifemodelle hinter sich zu lassen).

Wie viele Einzelheiten brauchen wir?

Die Menge an Prozesseinzelheiten, die Sie als Person oder als Team brauchen, hängt von Ihrer Situation ab. Im Allgemeinen gilt, dass Sie umso weniger Einzelheiten brauchen, je mehr Erfahrung Sie besitzen. Abbildung 5.1 zeigt eine Übersicht darüber, wie wir die Einzelheiten von DAD erfasst haben: Wir beginnen mit den grob skizzierten, ergebnisbasierten Prozesszielen und arbeiten uns hinunter bis zu den wesentlichen Details einer spezifischen Praxis. Der DA-Browser [DABrowser] erfasst die ersten drei Ebenen: Prozessziele, Prozesszieldiagramme und Optionstabellen. Die vierte Ebene (ausführliche Beschreibungen der Praktiken/Strategien) würde sich über Zehntausende von gedruckten Seiten erstrecken – der agile Kanon ist sehr, sehr umfangreich, und mit DAD wollen wir Ihnen helfen, einen Kontext dafür zu schaffen.

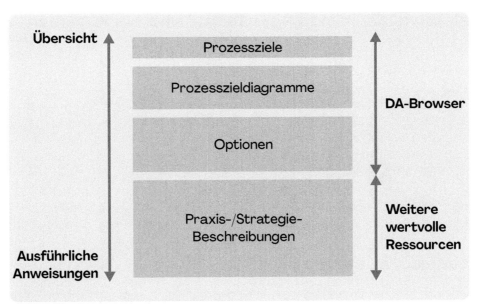

Abbildung 5.1 Ebenen der Ausführlichkeit bei Prozesszielen.

Wie Sie in Abbildung 5.1 sehen, gibt es vier Ebenen der Ausführlichkeit für die Beschreibung von Prozesszielen:

1. **Prozessziel.** Das genannte Prozessergebnis, zum Beispiel: Architekturstrategie identifizieren, Realisierung von Wert beschleunigen, Lösung einsetzen oder Teammitglieder weiterentwickeln. Explizit benannte Prozessziele sind hilfreich, weil sie für einheitliche Bezeichnungen bei der Erörterung prozessbezogener Probleme in Teams mit potenziell grundverschiedenen WoWs sorgen.
2. **Prozesszieldiagramm.** Dabei handelt es sich um eine bildliche Darstellung der Aspekte, die Sie im Hinblick auf das Ziel durchdenken müssen; wir sprechen hier von Entscheidungspunkten, und jeder Entscheidungspunkt bietet mehrere Optionen zur Auswahl. Wir wollen nicht behaupten, dass wir jedes mögliche Verfahren anführen, das Ihnen zur Verfügung steht. Wir haben jedoch eine ausreichende Zahl identifiziert, die Ihnen ein gutes Spektrum an Auswahlmöglichkeiten bietet und verdeutlicht, dass Sie in der Tat wählen können. In vieler Hinsicht ist ein Prozesszieldiagramm eine fortgeschrittene Version eines Entscheidungsbaums, und ein Beispiel dafür sehen Sie weiter unten in diesem Kapitel in Abbildung 5.4. Prozesszieldiagramme sind nützlich für erfahrene Praktizierende, auch für agile Coaches, weil sie eine Übersicht über die zu berücksichtigenden Punkte bei der Anpassung des WoW-Aspekts liefern, der von diesem Ziel aufgegriffen wird.
3. **Optionstabellen.** Eine Optionstabelle liefert eine kurze Zusammenfassung potenzieller Praktiken oder Strategien, deren Übernahme Sie im Zusammenhang mit einem bestimmten Entscheidungspunkt in Erwägung ziehen sollten. Für jede Option werden auch die mit ihr verbundenen Kompromisse angegeben, um sie in einen Kontext zu stellen. Die beste Praxis gibt es nicht. Jede Praxis/Strategie funktioniert in einem bestimmten Zusammenhang gut, während sie für andere Zusammenhänge ungeeignet ist. Optionstabellen helfen Ihnen, die Ihrer Ansicht nach beste Option zu identifizieren, mit der Ihr Team in Ihrer aktuellen Situation experimentieren kann. Abbildung 5.5 zeigt an späterer Stelle in diesem Kapitel ein Beispiel dafür.
4. **Praxis/Strategie-Beschreibungen.** Jedes Verfahren wird mittels Blogs, Artikeln und in einigen Fällen mit einem oder mehreren Büchern beschrieben. Es gibt zum Beispiel Tausende von Blogbeiträgen und Artikeln sowie einige gute Bücher über testgetriebene Entwicklung. Unser Ziel ist es, Ihnen die richtige Richtung zu diesen wertvollen Ressourcen aufzuzeigen, und genau das machen wir mit dem DA-Browser.

Kontext zählt: Disciplined Agile Teams sind zielgetrieben

Abbildung 5.2 zeigt die Ziele für ein DAD-Team, die nach den drei Phasen Beginn, Bau und Umstellung gegliedert sind, sowie die Ziele im Lauf des Lebenszyklus.

Wenn Sie Ihre Prozessgeschichte kennen, haben Sie vielleicht festgestellt, dass wir die Phasenbezeichnungen des Unified Process (UP) übernommen haben [Kruchten]. Genauer gesagt, haben wir drei der vier Bezeichnungen von UP übernommen, weil DAD im Gegensatz zu UP keine Ausarbeitungsphase hat. Manchen mag dies als Beweis dafür gelten, dass DAD nichts anderes als UP ist; wenn Sie sich aber mit UP auskennen, werden Sie feststellen, dass das eindeutig nicht stimmt. Wir übernehmen diese Bezeichnungen, weil sie offen gestanden absolut passend sind. Nach unserer Philosophie wollen wir möglichst viele gute Ideen wiederverwenden und nutzen, auch Terminologie, und nur dann neue Begriffe erfinden, wenn das zwingend notwendig ist.

Prozesszieldiagramme

Auch wenn grob skizzierte Prozessziele wie in Abbildung 5.2 ein guter Anfang sind, brauchen die meisten Leute mehr Informationen. Etwas detaillierter sind Zieldiagramme, deren Darstellung in Abbildung 5.3 und ein Beispiel dafür in Abbildung 5.4 enthalten ist. Sehen wir uns zunächst die Darstellung an:

- **Prozessziele.** Prozessziele werden als Rechtecke mit abgerundeten Ecken dargestellt.
- **Entscheidungspunkte.** Entscheidungspunkte, d. h. Prozessprobleme, die Sie berücksichtigen müssen, werden als Rechtecke dargestellt. Prozessziele haben zwei oder mehr Entscheidungspunkte; wobei die meisten Ziele vier oder fünf Entscheidungspunkte, in manchen Fällen sogar mehr haben. Jeder Entscheidungspunkt kann von den Praktiken/Strategien aufgegriffen werden, die rechts in der Liste aufgeführt sind. Manchmal gibt es auch Entscheidungspunkte, die Sie aufgrund Ihrer Situation nicht berücksichtigen müssen. Das Prozessziel „Tätigkeiten koordinieren" hat zum Beispiel einen Entscheidungspunkt „Programmübergreifend koordinieren", der nur dann zum Tragen kommt, wenn Ihr Team einem größeren „Team aus Teams" angehört.
- **Geordnete Liste der Optionen.** Die sortierte Liste der Optionen wird mit einem Pfeil links von der Liste der Verfahren abgebildet. Damit ist gemeint, dass die Verfahren, die oben auf der Liste stehen, wünschenswerter und in der Praxis im Allgemeinen effektiver sind; die weniger gefragten Verfahren stehen am Ende der Liste. Ihr Team sollte natürlich versuchen, die effektivsten Verfahren zu übernehmen, die es im spezifischen Situationskontext ausführen kann. Mit anderen Worten: Machen Sie das Bestmögliche, denken Sie aber auch daran, dass es potenziell bessere Verfahren gibt, die Sie an gewisser Stelle übernehmen können. Aus der Sicht der Komplexitätstheorie ist ein Entscheidungspunkt mit einer geordneten Liste von Optionen letztlich ein Vektor, der einen Änderungspfad angibt. In Abbildung 5.4 hat der Entscheidungspunkt „Ausführlichkeit des Dokuments zu Inhalt und Umfang" einen sortierten Satz Optionen, der zweite dagegen nicht.

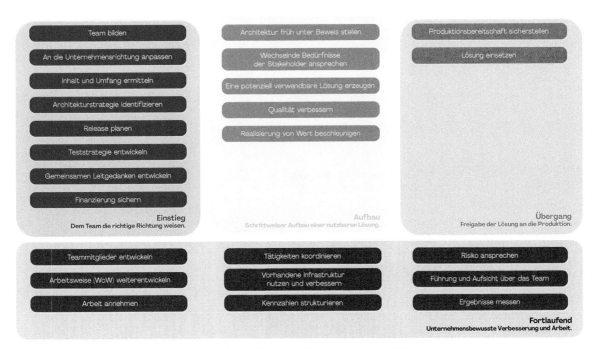

Abbildung 5.2 Die Prozessziele der Disciplined Agile Delivery (DAD).

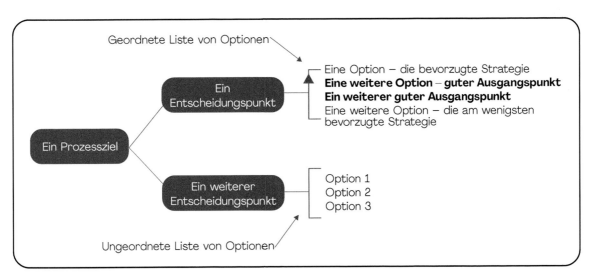

Abbildung 5.3 Die Darstellung eines Prozesszieldiagramms.

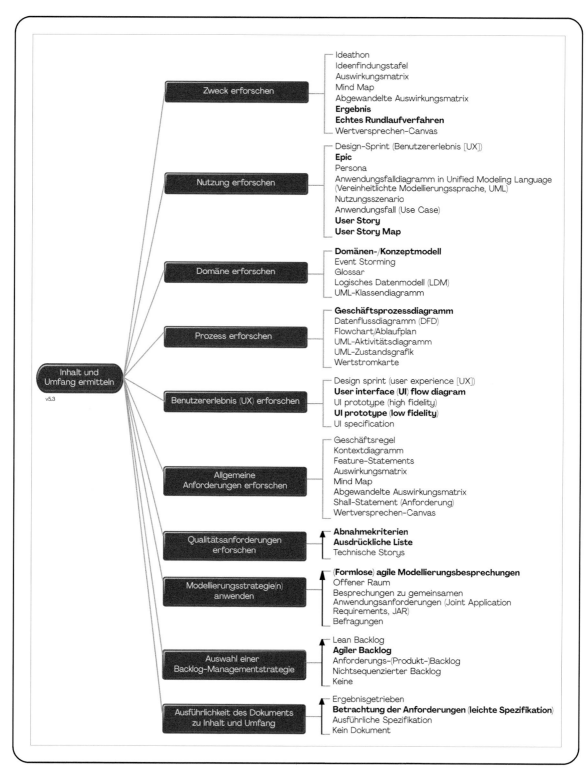

Abbildung 5.4 Das Zieldiagramm für „Inhalt und Umfang ermitteln".

- **Unsortierte Liste der Optionen.** Eine unsortierte Liste der Optionen ist ohne Pfeil dargestellt – jede Option hat Vor- und Nachteile, aber es ist nicht klar, wie man die Optionen in eine passende Rangfolge bringen kann.
- **Potenzielle Ausgangspunkte.** Potenzielle Ausgangspunkte sind fett und kursiv gedruckt. Weil möglicherweise viele Verfahren zur Auswahl stehen, geben wir „Standardverfahren" fett und kursiv an. Diese Standardverfahren sind gute Ausgangspunkte für kleine Teams, die noch wenig Erfahrung mit Agil haben und ein einfaches Problem bearbeiten – das sind fast immer Strategien aus Scrum, eXtreme Programming (XP) und agiler Modellierung und ein paar Ideen aus dem Unified Process, um das Ganze abzurunden.

In der Praxis ist es üblich, verschiedene Optionen aus einer bestimmten Liste auszuwählen. Sehen Sie sich zum Beispiel den Entscheidungspunkt „Nutzung erforschen" in Abbildung 5.4 an: Teams, für die Agil noch ungewohnt ist, wenden häufig Epics, User Storys und User Story Maps zur Erforschung der Nutzungsanforderungen an.

Betrachten wir das Zieldiagramm „Inhalt und Umfang erforschen" in Abbildung 5.4 etwas genauer. Dieses Prozessziel sollten Sie zu Beginn des Lebenszyklus während der Anfangsphase aufgreifen (wenn Sie einem Lebenszyklus mit Anfangsphase folgen; siehe Kapitel 6). Während manche agile Methoden Ihnen einfach raten werden, ein Produkt-Backlog mit User Storys zu besetzen, macht das Zieldiagramm deutlich, dass Sie bei Ihrem Ansatz eventuell etwas überlegter vorgehen sollten. Wie viele Einzelheiten sollten Sie ggf. erfassen? Wie werden Sie die potenzielle Nutzung des Systems ermitteln? Oder die Anforderungen an die Benutzeroberfläche? Oder die von der Lösung gestützten Geschäftsprozesse? Standardverfahren oder vielleicht genauer gesagt vorgeschlagene Ausgangspunkte sind fett und kursiv gedruckt. Wie Sie sehen, schlagen wir Ihnen vor, dass Sie die Nutzung, grundlegende Domänenkonzepte (z. B. über ein grob umrissenes Konzeptdiagramm) und nicht-funktionale Anforderungen auf irgendeine Weise vermutlich standardmäßig erfassen sollten. Zur Modellierung stehen Ihnen verschiedene Strategien zur Verfügung; wählen Sie die Strategien, die in Ihrer Situation sinnvoll sind, und lassen Sie die anderen unberücksichtigt. Sie sollten auch über Ihren Managementansatz für Ihre Arbeit nachdenken – ein leichter Spezifikationsansatz mit ein paar beschrifteten Karteikarten und ein paar Whiteboard-Skizzen sind nur eine Option unter vielen. In DAD machen wir deutlich, dass agile Teams mehr leisten, als nur neue Anforderungen umzusetzen; deshalb empfehlen wir die standardmäßige Aufstellung einer Liste mit Arbeitsaufgaben statt einer grob vereinfachenden Strategie zum Backlog mit Anforderungen (Produkten). Arbeitsaufgaben umfassen ggf. neue Anforderungen, die umgesetzt und Mängel, die behoben werden müssen, Weiterbildungs-Workshops, Prüfungen der Arbeit anderer Teams usw. All das muss abgeschätzt, priorisiert und geplant werden. Das Zieldiagramm macht schließlich deutlich, dass Sie bei der Ermittlung des anfänglichen Inhalts und Umfangs Ihrer Arbeiten nicht-funktionale Anforderungen – wie Zuverlässigkeit, Datenschutz, Verfügbarkeit, Leistung und Sicherheitsanforderungen u. a. – in gewisser Weise erfassen sollten.

Aber das ist so kompliziert!

Mit unserer DA-Strategie wollen wir ausdrücklich anerkennen, dass Softwareentwicklung (und IT und Organisationen im Allgemeinen) von Natur aus kompliziert ist. DA will das Ganze nicht auf eine Handvoll „bewährter Praktiken" nach unten nivellieren. Vielmehr nennt DA ausdrücklich die Probleme, die auf Sie zukommen, die Optionen, die Sie haben, und die Kompromisse, die Sie eingehen, und vereinfacht den Prozess zur Auswahl der für Ihren Bedarf geeigneten Strategien. DA bildet das Gerüst, damit Sie bessere Prozessentscheidungen treffen können.

Ja, es gibt eine Menge Prozessziele (genau genommen 24), die in Abbildung 5.2 dargestellt sind. Welche davon würden Sie weglassen? Wir haben Teams gesehen, die sich überhaupt nicht mit Risiko befassen, aber das hat sich später gerächt. Wir haben auch Teams gesehen, die das Ziel „Qualität verbessern" ignoriert haben und dann mitansehen mussten, wie ihre Technical Debt stieg. In der Praxis können Sie keines dieser Ziele einfach außer Acht lassen. Desgleichen sollten Sie die Entscheidungspunkte in Abbildung 5.4 betrachten. Würden Sie einen davon einfach weglassen? Wahrscheinlich nicht. Ja, es ist entmutigend zu sehen, wie viel man für eine langfristig erfolgreiche Lösungslieferung berücksichtigen muss und dass die von uns erfassten Punkte nur einen Mindestsatz für Lösungsentwicklung der Unternehmensklasse darstellen.

Zu den Einzelheiten: Optionstabellen und Verweise

Die nächste Stufe der Ausführlichkeit bilden die Optionstabellen. Ein Beispiel dafür sehen Sie in Abbildung 5.5 zum Entscheidungspunkt „Qualitätsanforderungen erforschen" unter „Inhalt und Umfang erforschen". Jede Tabelle nennt die Optionen, also Praktiken oder Strategien, und die jeweiligen Vor- und Nachteile. Ziel ist es, jede Option in einen Kontext zu stellen und im geeigneten Fall auf weitere Einzelheiten zu diesem Verfahren zu verweisen.

In Abbildung 5.6 können Sie sehen, wie Sie mit Links unter dem Pulldown-Menü „Weitere Ressourcen" auf weitere Informationen verwiesen werden. In diesem Fall sehen Sie Links, die sich auf die Option Abnahmekriterien beziehen. Diese Links führen zu relevanten Artikeln, Blogbeiträgen, Büchern oder Weiterbildungsmöglichkeiten. Die Philosophie von DA besteht darin, ausreichend Kontextinformationen bereitzustellen, um festzustellen, ob eine Option für Sie in Frage kommt, und Sie auf gute Ressourcen zu verweisen, wenn Sie mehr darüber erfahren wollen.

Praktische Anwendung der Prozessziele

Disziplinierte Agilisten können Ziele in mehreren oft auftretenden Szenarien verarbeiten.

- **Identifizierung potenzieller Strategien zum Experimentieren.** In Kapitel 1 haben wir die Prozessverbesserung unter Anleitung (GCI) beschrieben, wenn ein Team DAD als Nachschlagewerk für die Identifizierung von Verfahren verwendet, mit denen es experimentieren wird. Weil DAD, wie Sie in Abbildung 5.5 gesehen haben, Optionen in einen Kontext setzt, werden Sie mit größerer Wahrscheinlichkeit ein Verfahren identifizieren, das für Sie in Ihrer Umgebung geeignet ist.
- **Erweiterung von Retrospektiven.** Die Zieldiagramme und unterstützenden Tabellen liefern einen Werkzeugsatz potenzieller Optionen, mit denen Sie experimentieren können, um die vom Team identifizierten Herausforderungen zu lösen.

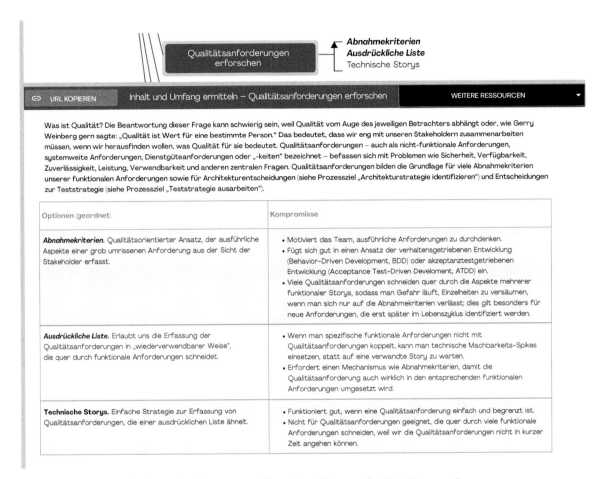

Abbildung 5.5 Qualitätsanforderungen erforschen (Screenshot DA-Browser).

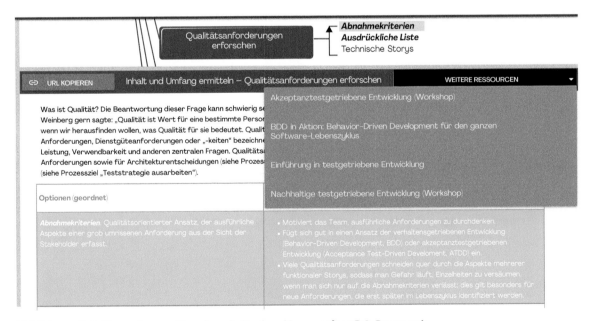

Abbildung 5.6 Verweise zu Abnahmekriterien (Screenshot DA-Browser).

- **Prüflisten.** Zieldiagramme dienen erfahrenen Teams oft als Erinnerung an potenzielle Verfahren, die sie auswählen und in ihrer aktuellen Situation anwenden könnten.
- **Workshops zur Prozessanpassung.** Workshops zur Prozessanpassung wurden in Kapitel 1 beschrieben und dienen neuen Teams oft dazu, ihre Zusammenarbeit festzulegen oder auszuhandeln. Die Prozessziele erweisen sich oft als wertvolle Ressourcen und geben diesen Workshops Fokus; am einfachsten druckt man sie aus, hängt sie an die Wand und arbeitet sie dann im Team durch.
- **Reifemodell.**[1] Die geordneten Entscheidungspunkte liefern praktisch ein Reifemodell, das sich um einen bestimmten Entscheidungspunkt herum konzentriert. Insbesondere aber sind geordnete Entscheidungspunkte praktisch Vektoren, die einen möglichen Verbesserungsweg für Teams aufzeigen. Das ist der CMMI Continuous-Model-Strategie [CMMI] ähnlich.
- **Produktive Gespräche über Prozessauswahlmöglichkeiten.** Ein interessanter Aspekt von Prozesszielen besteht darin, dass einige der gebotenen Auswahlmöglichkeiten in der Praxis nicht besonders effektiv sind. WIE BITTE?! Wir sehen manchmal, dass Teams einem Verfahren folgen, weil sie es für die beste verfügbare Strategie halten und man ihnen vielleicht gesagt hat, dass es sich um eine „bewährte Praxis" handelt; vielleicht ist es auch die beste Strategie, die sie kennen, vielleicht das Beste, was sie aktuell zu leisten vermögen, oder vielleicht wurde es von ihrer übernommenen Methodik vorgeschrieben und sie haben diesen Umstand nicht weiter untersucht. Jedenfalls bekommen sie nun diese Strategie sowie andere sinnvolle Optionen vorgelegt inclusive einer klaren Beschreibung der jeweiligen Vor- und Nachteile. Das erleichtert Ihnen den Vergleich und die Gegenüberstellung der Strategien, sodass Sie möglicherweise eine neue Strategie zum Experimentieren wählen können.

Zusammenfassung

Dieses Buch beschreibt, wie Sie Ihren WoW wählen können und wie Ihr Team Eigenverantwortung für seinen Prozess übernehmen kann. Sie können nur dann Eigenverantwortung für Ihren Prozess übernehmen, wenn Sie wissen, was zur Auswahl steht. Prozessziele helfen dabei, Ihre Prozessauswahlmöglichkeiten und die damit einhergehenden Kompromisse zu verdeutlichen. In diesem Kapitel haben wir uns mit mehreren Schlüsselkonzepten beschäftigt:

- Obwohl jedes Team auf seine besondere Weise arbeitet, muss es dieselben Prozessziele (Prozessergebnisse) behandeln.
- Prozessziele führen Sie durch die Aspekte, die Sie bedenken müssen, und durch Ihre potenziellen Optionen; sie schreiben nicht vor, was Sie zu tun haben.
- Prozessziele geben Ihnen Auswahlmöglichkeiten, die jedoch Kompromisse erfordern.
- Versuchen Sie, das Bestmögliche in Ihrer speziellen Situation zu machen, und im Lauf der Zeit zu lernen und besser zu werden.
- Wenn die Prozessziele zunächst übermäßig kompliziert erscheinen, dann fragen Sie sich, was Sie weglassen würden.

---

[1] In DA trauen wir uns, „agile Schimpfwörter" auszusprechen, wie Management, Führung und Aufsicht, Phase und sogar „Reifemodell".

Kapitel 6

Die Wahl des richtigen Lebenszyklus

Mögen deine Entscheidungen deine Hoffnungen widerspiegeln,
nicht deine Ängste. - Nelson Mandela

Die wichtigsten Punkte in diesem Kapitel

- Manche Teams in Ihrer Organisation folgen vermutlich weiterhin einem seriellen Lebenszyklus. DAD erkennt diesen Umstand ausdrücklich an, bietet aber keine Unterstützung für diese im Schwinden begriffene Kategorie.
- DAD liefert das Gerüst, das man für die Auswahl und Weiterentwicklung eines der sechs Lebenszyklen zur Lösungslieferung (Solution Delivery Life Cycles, SDLC) braucht, die entweder auf agilen oder schlanken Strategien beruhen.
- Projektbasierte Lebenszyklen durchlaufen Phasen. Das gilt auch für agile und schlanke Lebenszyklen.
- Jeder Lebenszyklus hat seine Vor- und Nachteile; jedes Team muss den Lebenszyklus wählen, der seinen Kontext am besten wiedergibt.
- Gemeinsame, grobe und risikobasierte Meilensteine erlauben einheitliche Führung und Aufsicht; es ist nicht nötig, Teams zu ein und demselben Prozess zu zwingen.
- Ein Team beginnt mit einem bestimmten Lebenszyklus und entwickelt sich dann oft davon weg, während es kontinuierlich seinen WoW verbessert.

Wir genießen das Privileg, mit Organisationen in aller Welt zusammenzuarbeiten. Wenn wir in eine Organisation gehen – oftmals, um sie bei der Optimierung ihrer Arbeitsweise (Way of Working, WoW) zu coachen – können wir beobachten, was sich in dieser Organisation tatsächlich abspielt. Mit Ausnahme der allerkleinsten Unternehmen sehen wir immer wieder, dass Organisationen verschiedene Lieferlebenszyklen für ihre einzelnen Teams haben. Manche Teams folgen einem Scrum-basierten, agilen Projektlebenszyklus, während andere nach einem Kanban-basierten, schlanken Lebenszyklus arbeiten. Die erfahreneren Teams, insbesondere die Teams, die auf eine DevOps-Denkweise hinarbeiten, folgen in der Regel dem Ansatz der kontinuierlichen Auslieferung (Continuous Delivery, CD) [Kim]. Manche arbeiten an einer komplett neuen Geschäftsidee und folgen einem experimentellen Ansatz im Stil von „Lean Startup", und wieder andere folgen nach wie vor einem eher traditionell geprägten Lebenszyklus. Der Grund dafür liegt, wie wir in Kapitel 2 dargelegt haben, darin, dass jedes Team einzigartig ist und sich in einer einzigartigen Situation befindet. Teams brauchen einen WoW, der ihren spezifischen Kontext widerspiegelt. Und ein wichtiger Aspekt bei der Auswahl eines wirksamen WoW ist somit auch die Wahl des Lebenszyklus, der am besten zur jeweiligen Situation passt. Das Gerüst der Disciplined Agile Delivery (DAD) bietet Ihren Lieferteams Auswahlmöglichkeiten für Lebenszyklen und ermöglicht gleichzeitig eine einheitliche Führung und Aufsicht darüber [LifeCycles].

Eine kurze Geschichtsstunde: Der serielle Lebenszyklus

Zunächst einmal möchten wir klarstellen, dass DAD den traditionellen Lebenszyklus derzeit nicht unterstützt. Den seriellen Lebenszyklus gibt es in verschiedenen Ausführungen; er wird manchmal „traditioneller Lebenszyklus", „Wasserfall-Lebenszyklus" oder auch „prädiktiver Lebenszyklus" genannt. Abbildung 6.1 zeigt das sogenannte V-Modell. Dahinter steckt der Grundgedanke, dass ein Team sich durch funktionale Phasen, wie Anforderungen, Architektur usw., arbeitet. Am Ende einer Phase gibt es dann oft eine Meilensteinprüfung als „Qualitätsschranke", die sich meist auf die Prüfung der Dokumentation konzentriert. Tests erfolgen gegen Ende des Lebenszyklus, und jede Testphase entspricht in der Regel – zumindest im V-Modell – einer Phase der Artefakterzeugung an früherer Stelle im Lebenszyklus. Der Lebenszyklus nach dem V-Modell beruht auf Theorien der 1960er und 1970er Jahre über den Ablauf von Softwareentwicklung. Bedenken Sie, dass einige Organisationen in den frühen 1990ern und 2000ern fälschlicherweise den Rational Unified Process (RUP) als schweren Prozess instantiierten. Manche Praktizierenden halten RUP deshalb auch für einen traditionellen Prozess. Nein. RUP ist iterativ und inkrementell, wurde aber oft schlecht von Personen implementiert, die sich nicht von der traditionellen Denkweise gelöst hatten.

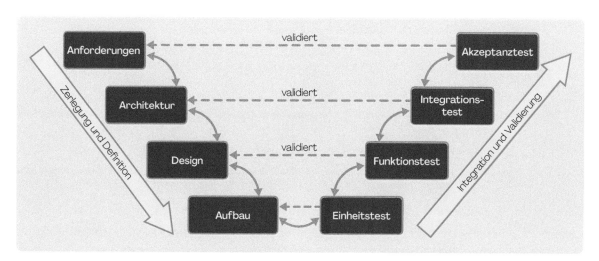

Abbildung 6.1 Das V-Modell für einen Softwareentwicklungs-Lebenszyklus.

Warum reden wir dann darüber, wenn der serielle Ansatz derzeit ausdrücklich nicht zu DAD gehört? Weil manche Teams derzeit einem seriellen Ansatz folgen und Hilfe brauchen, sich davon zu lösen. Darüber hinaus wird vielfach angenommen, dass herkömmliche Strategien auf die verschiedensten Situationen angewandt werden können. In gewissem Sinne stimmt das auch, aber viele Leute verstehen nicht, dass agile/schlanke Strategien sich in der Praxis für die meisten dieser Situationen als weitaus besser erweisen. Wie Sie im weiteren Verlauf dieses Kapitel lernen werden, gibt es ein paar Situationen, in denen herkömmliche Strategien in der Tat sinnvoll sind. Aber nur wenige.

Eine Lektion in agiler Geschichte

Der Begriff „Iteration 0" wurde 2002 erstmals von Jim Highsmith, einem der Urheber des Agilen Manifests, in seinem Buch *Agile Software Development Ecosystems* verwendet [Highsmith]. Der Begriff wurde später von der Scrum-Community übernommen und in „Sprint 0" umbenannt.

Die Projekt-Denkweise führt zu agilen Phasen, und das ist in Ordnung

Viele Organisationen entscheiden sich, die Lösungslieferung als Projekte zu finanzieren. Diese Projekte sind eventuell termingetrieben und haben ein festes Anfangs- und Schlussdatum, vielleicht sind sie auch von Inhalt und Umfang getrieben, weil sie eine bestimmte Funktionalität oder einen bestimmten Satz Ergebnisse liefern müssen, oder aber sie sind kostengetrieben, weil sie ein anvisiertes Budget nicht überschreiten dürfen. Manche Projekte unterliegen einer Kombination aus diesen Einschränkungen, aber je mehr Einschränkungen ein Lieferteam berücksichtigen muss, umso größer ist die Gefahr, dass das Projekt scheitert. Abbildung 6.2 zeigt eine grobe Übersicht über den Projektlieferlebenszyklus, der, wie Sie sehen können, in drei Phasen gegliedert ist:

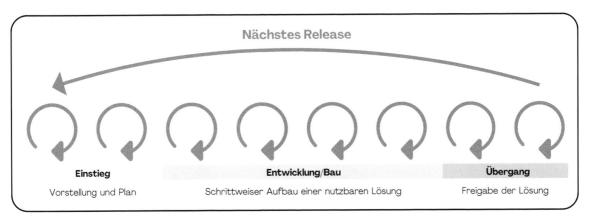

Abbildung 6.2 Der agile Projektlebenszyklus (im Überblick).

1. **Einstieg.** Der Einstieg wird manchmal als „Sprint 0", „Iteration 0", Startup oder Initiierung bezeichnet. In dieser Phase soll das Team gerade so viel Arbeit leisten, dass es seine Struktur finden und die richtige Richtung einschlagen kann. Das Team wird sich zunächst selbst bilden und gewisse Zeit in die anfänglichen Anforderungen, die Erforschung der Architektur und die erste Planung investieren, sich an der übrigen Organisation ausrichten und natürlich die Finanzierung für den Rest des Projekts sichern. Diese Phase sollte so einfach und kurz wie möglich gehalten werden, während man Einvernehmen darüber erzielt, wie das Team die von seinen Stakeholdern geforderten Ergebnisse verwirklichen wird. Ein durchschnittliches agiles/schlankes Team verbringt 11 Arbeitstage, also etwas mehr als 2 Wochen, mit den Einstiegsarbeiten [SoftDev18].

2. **Entwicklung / Bau.** Ziel der Entwicklungs- bzw. Bauphase ist die Erzeugung einer verwertbaren Lösung mit ausreichendem Wert für den Kunden – das sogenannte Minimum Business Increment (MBI) –, die für die Stakeholder einen Wert darstellt. Das Team arbeitet eng mit den Stakeholdern zusammen, damit es deren Bedürfnisse versteht, eine hochwertige Lösung für sie entwickelt, regelmäßig Feedback bekommt und dieses Feedback dann umsetzt. Das bedeutet, dass das Team möglicherweise jeden Tag Analyse-, Gestaltungs-, Programmier-, Test- und Managementarbeiten durchführt. Mehr dazu später.

3. **Übergang.** Übergang wird manchmal als „Release-Sprint" oder „Deployment-Sprint" bezeichnet; und wenn das Team Schwierigkeiten mit der Qualität hat, spricht man auch von einem „Hardening Sprint" [deutsch etwa: Aushärtungssprint]. Ziel der Übergangsphase ist die erfolgreiche Freigabe Ihrer Lösung in den Produktivbetrieb. Hierzu gehört die Feststellung, ob Sie bereit sind, die Lösung auszurollen und das dann auch zu tun. Ein durchschnittliches agiles/schlankes Team verbringt 6 Arbeitstage mit den Arbeiten der Übergangsphase; wenn man aber die Teams ausschließt, deren Tests und Bereitstellung vollautomatisiert ablaufen (was wir aber nicht tun würden), kommt man auf durchschnittlich 8,5 Tage [SoftDev18]. Darüber hinaus haben 26 % der Teams Regressionstests und Bereitstellung vollautomatisiert, und 63 % vollziehen den Übergang in 1 Tag oder weniger.

Obwohl agile Puristen das Phasenkonzept ablehnen und alle möglichen Verrenkungen ausführen, nur damit sie die Einstiegsphase „Sprint 0" und die Übergangsphase „Release-Sprint" nennen können, ist es nun einmal eine Tatsache, dass agile Projektteams auf übergeordneter Ebene seriell arbeiten. Teams müssen zu Beginn etwas Zeit investieren, damit sie die richtige Richtung einschlagen (Einstieg/Sprint 0); sie brauchen Zeit für die Erzeugung der Lösung (Bau) und sie müssen Zeit auf die Bereitstellung der Lösung aufwenden (Übergang/Release-Sprint). Das läuft in der Praxis so ab und lässt sich auf Wunsch auch leicht beobachten. Wichtig ist dabei, dass Sie die Arbeiten zu Einstieg und Übergang möglichst rationalisieren – und die Entwicklungs- bzw. Bauphase eigentlich auch.

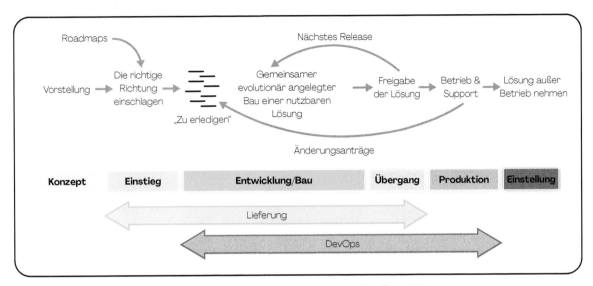

Abbildung 6.3 Der System-/Lösungs-/Produktlebenszyklus (im Überblick).

IT und Ihre Organisation im Allgemeinen sind mehr als die Lieferung einer Lösung. Ihre Organisation verfügt wahrscheinlich über Datenmanagement, Enterprise-Architecture, Betriebsabläufe, Portfoliomanagement, Marketing, Lieferantenmanagement, Finanzen und viele andere wichtige Aspekte. Ein voller System-/Produktlebenszyklus läuft vom ersten Lösungskonzept über die Lieferung bis zu Betrieb und Support und umfasst oft viele Durchläufe durch den Lieferlebenszyklus. Abbildung 6.3 veranschaulicht den Systemlebenszyklus und zeigt, wie der Lieferlebenszyklus – und auch der DevOps-Lebenszyklus – ein Teilaspekt des Ganzen ist. Obwohl Abbildung 6.3 auch das Phasen Konzept (Ideenfindung), for Produktion und das Einstellen zeigt, konzentrieren sich DAD und dieses Buch auf die Lieferung. Wie Sie in Kapitel 1 gelernt haben, enthält Disciplined Agile (DA) Strategien, die DAD, Disciplined DevOps, Wertströme und die Disciplined Agile Enterprise (DAE) im Allgemeinen umfassen [DALayers].

Nach links, nach rechts, kontinuierlich ausliefern

Manche Teams wählen einen projektbasierten Ansatz, aber nicht alle; wir gehen davon aus, dass dieser Trend zunehmen wird. Wenn ein Team über lange Zeit besteht, also meist über ein einzelnes Projekt hinaus, sprechen wir von einem stabilen oder dauerhaften Team. Wir haben ganz unglaubliche Beobachtungen gemacht, wenn ein dauerhaftes Team seinen WoW weiterentwickeln darf: es wird zu einem Team, das die Continuous Delivery beherrscht. Der Begriff „shift left" („nach links") wird unter Agilisten häufig verwendet und gibt an, dass Test- und Qualitätspraktiken während des gesamten Lebenszyklus ausgeführt werden. Das ist gut, aber dieses „Abbiegen" bedeutet noch mehr. Es gibt mehrere wichtige Trends, die in Abbildung 6.4 zusammengefasst sind und die Einfluss darauf haben, wie ein Team seinen WoW weiterentwickelt:

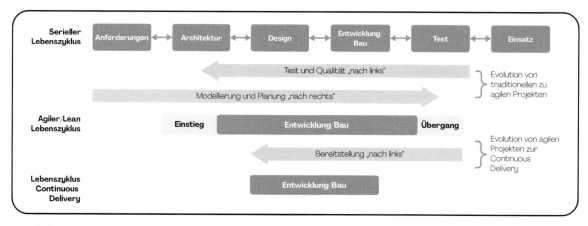

Abbildung 6.4 Die Entwicklung von Lebenszyklen bei der Verschiebung von Tätigkeiten nach links und rechts.

1. **Test- und Qualitätspraktiken gehen nach links.** Agilisten verlegen Testpraktiken eindeutig nach links: mit stärkerer Automatisierung und dem Ersatz schriftlicher Spezifikationen durch ausführbare Spezifikationen mittels Praktiken wie testgetriebene Entwicklung (TDD) [Beck] und Behavior-Driven Development (BDD) [ExecutableSpecs]. TDD und BDD werden natürlich von der Praxis der kontinuierlichen Integration (Continuous Integration, CI) unterstützt [HumbleFarley]. Die Übernahme dieser Strategien ist ein zentraler Beweggrund für eine Strategie, die Infrastruktur als Code sieht: Tätigkeiten, die in traditionellen Teams meist von Hand ausgeführt werden, sind in agilen Teams voll automatisiert.

2. **Modellierungs- und Planungspraktiken gehen nach rechts.** Agilisten haben auch die Praktiken der Modellierung/Zuordnung und Planung nach rechts im Lebenszyklus verlegt, damit wir auf das Feedback eingehen können, das wir von den Stakeholdern bekommen. In DAD sind die Modellierung und Planung so wichtig, dass wir sie während des gesamten Lebenszyklus kooperativ und iterativ durchführen [AgileModeling].

3. **Interaktionen mit Stakeholdern gehen nach rechts.** DAD-Teams interagieren während des gesamten Vorhabens mit Stakeholdern, nicht nur während der Anforderungs- und Testphasen am Anfang und Ende des Lebenszyklus.

4. **Stakeholder-Feedback geht nach links.** Traditionelle Teams behandeln ernstes Feedback vonseiten der Stakeholder meist erst bei den User-Akzeptanztests während der traditionellen Testphase. DAD-Teams versuchen dagegen so früh und regelmäßig wie möglich während des gesamten Vorhabens, Feedback von den Stakeholdern zu bekommen.

5. **Praktiken zur Bereitstellung gehen nach links.** Bereitstellungspraktiken werden von agilen Teams voll automatisiert – eine weitere Infrastruktur-als-Code-Strategie zur Unterstützung des Continuous Deployment (CD). CD ist eine zentrale Praxis für die beiden Lebenszyklen der Continous Delivery, die nachfolgend beschrieben werden.

6. **Das eigentliche Ziel ist die Continuous Delivery.** All diese Links- und Rechtsverschiebungen führen zu Teams, die in der Lage sind, kontinuierlich zu liefern. Bei Prozessverbesserung geht es darum, intelligenter zu arbeiten, nicht fleißiger.

Auswahl ist gut:
Die Lebenszyklen in DAD

DAD unterstützt mehrere Lebenszyklen,
aus denen Teams wählen können. Diese
Lebenszyklen werden weiter unten
ausführlich beschrieben und in Abbildung 6.5
zusammengefasst. Sie sind im Einzelnen:

1. **Agil.** Teams, die diesem Projektlebenszyklus
   auf der Grundlage des Scrum-Lebenszyklus
   „Bau" folgen, werden über kurze Iterationen
   (auch Sprints oder Timeboxen genannt)
   verwertbare Lösungen erzeugen.
2. **Continuous Delivery: Agil.** Teams, die
   diesem agilbasierten Lebenszyklus folgen,
   arbeiten in sehr kurzen Iterationen von
   meist einer Woche oder weniger; am Ende
   einer jeden Iteration wird ihre Lösung
   produktiv ausgerollt.
3. **Lean.** Dieser Projektlebenszyklus
   gründet sich auf Kanban. Teams werden
   hier ihre Arbeit bildlich darstellen, ihre Umlaufbestände abbauen, um ihren Arbeitsfluss zu
   verschlanken, und die Arbeit in einzelnen Aufgaben erledigen.
4. **Continuous Delivery: Lean.** Teams, die diesem auf Lean basierenden Lebenszyklus folgen,
   rollen ihre Arbeit bei jeder Gelegenheit produktiv aus, was in der Regel mehrmals am Tag
   stattfindet.
5. **Erforschend.** Teams, die diesem im Allgemeinen auf Lean Startup [Ries] und Design Thinking
   aufgebauten Lebenszyklus folgen, erforschen eine Geschäftsidee über die Entwicklung eines
   oder mehrerer Minimum Viable Products (MVP). Diese Entwicklung wird als Experiment zur
   Feststellung durchgeführt, was potenzielle Kunden wirklich wollen. Dieser Lebenszyklus
   findet oft dann Anwendung, wenn das Team in seiner Domäne mit einem „kniffligen Problem"
   konfrontiert ist [WickedProblemSolving].
6. **Programm.** Ein Programm ist praktisch ein großes Team, das in mehrere Teil-Teams
   untergliedert wird.

Lassen Sie uns diese Lebenszyklen jetzt etwas ausführlicher betrachten. Danach werden wir
besprechen, wann Sie sich für die jeweiligen Lebenszyklen entscheiden sollten.

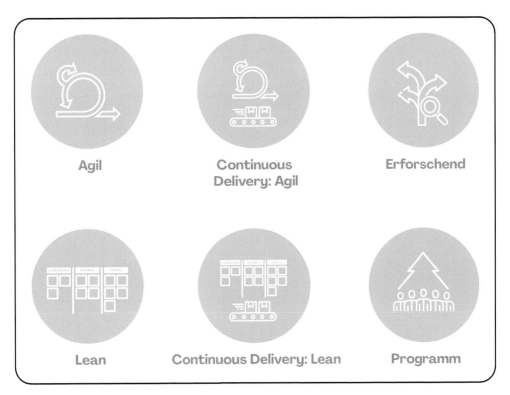

Abbildung 6.5 Lebenszyklen in DAD.

Der agile Lebenszyklus in DAD

Der agile Lebenszyklus in DAD, der in Abbildung 6.6 gezeigt ist, beruht größtenteils auf dem Scrum-Lebenszyklus und enthält bewährte Konzepte zu Führung und Aufsicht, die aus dem Unified Process (UP) übernommen wurden und ihn einsatzbereit machen [Kruchten]. Dieser Lebenszyklus wird oft von Projektteams gewählt, die sich auf ein einziges Release einer Lösung konzentrieren; manchmal bleibt ein Team aber auch länger bestehen und folgt dem Lebenszyklus auch bei der nächsten Release (und der darauffolgenden Release usw.). In vieler Hinsicht bildet dieser Lebenszyklus ab, wie ein Scrum-basierter Lebenszyklus in einer Unternehmensumgebung funktioniert. Wir haben mehrere Teams betreut, die dies gerne als Scrum++ betrachten, ohne dem kulturellen Mandat der Scrum-Gemeinschaft zu folgen, welches Aktivitäten der Lösungsbereitstellung verharmlost, die sie als unangenehm empfinden. Dieser Lebenszyklus enthält mehrere wichtige Aspekte:

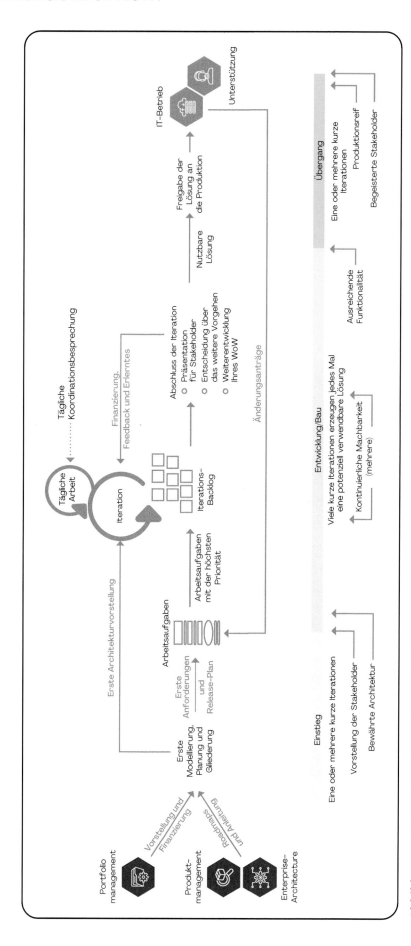

Abbildung 6.6 Der agile Lebenszyklus in DAD.

- **Die Einstiegsphase.** Wie wir weiter oben beschrieben haben, liegt der Fokus des Teams darauf, nur so viel Arbeit zu machen, bis es sich organisieren und die richtige Richtung einschlagen kann. DAD zielt auf die Verschlankung des gesamten Lebenszyklus von Anfang bis Ende ab, wozu auch die Initiierungstätigkeit in der Einstiegsphase gehört. Die Einstiegsphase endet, wenn wir Einvernehmen über die Vorstellung von den erwarteten Ergebnissen für das Team und über die Verwirklichung dieser Ergebnisse erzielt haben.
- **Die Bauphase ist in kurze Iterationen gegliedert.** Eine Iteration ist ein kurzer Zeitabschnitt von 2 Wochen oder weniger, in dem das Lieferteam eine neue, potenziell nutzbare Version seiner Lösung erzeugt. Natürlich können Sie bei einem neuen Produkt oder einer neuen Lösung erst nach mehreren Iterationen etwas wirklich Nutzbares vorweisen. Diese Phase endet, wenn wir ausreichenden Wert für den Kunden erzielt haben, das sogenannte Minimum Business Increment (MBI).
- **Teams erledigen Arbeitsaufgaben in kleinen Einheiten.** Die Arbeit in kleinen Einheiten ist ein Grundanliegen von Scrum und somit ein wichtiger Aspekt dieses Lebenszyklus, der auf Scrum basiert. DAD-Teams arbeiten unabhängig vom Lebenszyklus wahrscheinlich an verschiedenen Aufgaben: Implementierung neuer Funktionalitäten, Lieferung positiver Ergebnisse an Stakeholder, Durchführung von Experimenten, Bearbeitung von Änderungsanträgen seitens der Endanwender, die aus der Nutzung der aktuellen, in der Produktion befindlichen Lösung stammen, Bedienung von Technical Debt und vieles mehr. Arbeitsaufgaben werden normalerweise vom Produktverantwortlichen priorisiert; das Kriterium ist meist der geschäftliche Wert, aber auch Risiko, Fälligkeitstermin und Schweregrad (bei Änderungsanträgen) können zum Tragen kommen. Das Prozessziel „Arbeit aufnehmen" bietet eine Reihe von Optionen zum Umgang mit Arbeitsaufgaben. In jeder Iteration holt sich das Team eine kleine Arbeitseinheit aus der Liste der Arbeitsaufgaben, die es seiner Auffassung nach in der betreffenden Iteration erledigen kann.
- **Wichtige Besprechungen haben eine feste Kadenz.** Wie bei Scrum setzt dieser Lebenszyklus mehrere agile Ceremonies (Besprechungen) zu bestimmten Kadenzen fest. Zu Beginn einer jeden Iteration nimmt das Team eine ausführliche Planung für die betreffende Iteration vor, und am Ende der Iteration gibt es eine Präsentation. Wir halten eine Retrospektive zur Weiterentwicklung unseres WoW ab und treffen eine Entscheidung für das weitere Vorgehen. Wir halten auch täglich eine Koordinationsbesprechung ab. Wenn die Termine dieser wichtigen Arbeitsbesprechungen vorgegeben sind, haben wir feste Anhaltspunkte für den Prozess. Allerdings bringt Scrum mit seinen Besprechungen auch einiges an Prozess-Gemeinkosten mit. Dieses Problem wird vom Lean-Lebenszyklus aufgegriffen.
- **Die Übergangsphase.** Mit der Übergangsphase soll sichergestellt werden, dass die Lösung einsatzbereit ist und, wenn das der Fall ist, auch eingesetzt wird. Diese „Phase" kann automatisiert werden (genau das passiert, wenn die Entwicklung in Richtung der beiden Lebenszyklen Continuous Delivery erfolgt).
- **Ausdrückliche Meilensteine.** Dieser Lebenszyklus unterstützt die gesamte Palette der einfachen, risikobasierten Meilensteine, die Sie unten im Lebenszyklus abgebildet sehen. Die Meilensteine erlauben den Führungskräften eine wirksame Führung und Aufsicht; mehr dazu später. Unter „leicht" verstehen wir Meilensteine, für die keine formelle bürokratische Prüfung der Artefakte notwendig ist. Im Idealfall sind sie einfach Platzhalter für Besprechungen zu Status und Zustand der Initiative.

- **Anleitung und Roadmaps des Unternehmens werden ausdrücklich gezeigt.** Auf der linken Seite des Lebenszyklus sehen Sie, dass wichtige Flüsse von außerhalb des Lieferlebenszyklus das Team erreichen. Lösungslieferung ist ja nur ein Teil der allgemeinen DevOps-Strategie Ihrer Organisation, die wiederum nur ein Teil Ihrer allgemeinen IT-Strategie ist. So kommen zum Beispiel der erste Leitgedanke und die Finanzierung für Ihr Vorhaben von einer Produktmanagementgruppe und die Roadmaps und Anleitung aus anderen Bereichen, wie Enterprise-Architecture, Datenmanagement und Sicherheit (um nur einige zu nennen). Denken Sie daran, dass DAD-Teams „unternehmensbewusst" arbeiten und ein Aspekt dieser Arbeitshaltung in der Übernahme und Befolgung der geeigneten Anleitung besteht.
- **Betrieb und Support sind abgebildet.** Wenn Ihr Team am neuen Release einer bestehenden Lösung arbeitet, dann bekommen Sie vermutlich Änderungsanträge von aktuellen Endanwendern, die meist über Ihren Betrieb oder Support an Sie herangetragen werden. Wenn Sie als Team in einer DevOps-Umgebung arbeiten, sind Sie möglicherweise für die Durchführung und Unterstützung Ihrer in Produktion befindlichen Lösung verantwortlich.

Continuous Delivery in DAD: Agiler Lebenszyklus

Der Lebenszyklus Continuous Delivery in DAD: Agil in Abbildung 6.7 ist eine natürliche Fortführung des agilen Lebenszyklus in Abbildung 6.6. Teams entwickeln sich in der Regel vom Agilen Lebenszyklus zu diesem Lebenszyklus weiter und übernehmen Iterationen von 1 Woche Dauer oder weniger. Der Hauptunterschied zwischen diesem und dem Agilen Lebenszyklus besteht darin, dass der Lebenszyklus Continuous Delivery: Agil am Ende einer jeden Iteration statt nach mehreren Iterationen zum Release einer neuen Funktionalität führt. Dieser Lebenszyklus enthält mehrere wichtige Aspekte:

- **Automatisierung und technische Verfahren sind entscheidend.** Teams benötigen einen ausgereiften Satz technischer Verfahren rund um automatisierte Regressionstests, kontinuierliche Integration und Continuous Deployment (CD). Zur Unterstützung dieser Praktiken sind Investitionen in Werkzeuge, der Abbau von Technical Debt und insbesondere das Erstellen der fehlenden automatisierten Regressionstests notwendig.
- **Die Einstiegsphase liegt lange zurück.** Bei der Initiierung des Teams fand die Einstiegsphase statt; es gab vielleicht auch eine weitere Einstiegsphase im Zuge einer maßgeblichen Änderung, wie etwa eine starke Verschiebung der geschäftlichen oder technischen Richtung. Wenn eine Änderung dieser Art erneut eintritt, sollten Sie definitiv ausreichende Vorkehrungen zur Neuorientierung des Teams treffen. Weil wir das als Tätigkeit und nicht als Phase betrachten, ist der „Einstieg" nicht abgebildet. Allerdings gibt es Teams, die alle paar Monate ihre Tätigkeit unterbrechen und gezielt mehrere Tage damit verbringen, ihre Tätigkeit der kommenden Monate in groben Zügen festzulegen. In SAFe spricht man in diesem Zusammenhang von „Big Room Planning", und die Agile Modellierung nennt dies eine agile Modellierungsbesprechung. Diese Verfahren werden im Prozessziel „Tätigkeiten koordinieren" erörtert.

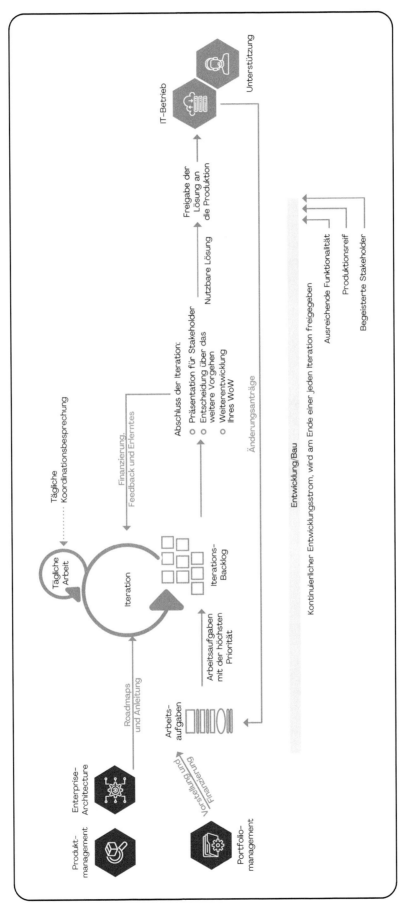

Abbildung 6.7 Der Lebenszyklus Continuous Delivery in DAD: Agil.

- **Die Übergangsphase wird zu einer Tätigkeit.** Durch die Automatisierung von Test und Bereitstellung ist die Übergangsphase von mehreren Tagen oder Wochen zu einer voll automatisierten Tätigkeit von wenigen Minuten oder Stunden geschrumpft.
- **Ausdrückliche Meilensteine und eingehende Arbeitsflüsse.** Es gibt nach wie vor allgemeine, risikobasierte Meilensteine als Argument für einheitliche Führung und Aufsicht. Einige Meilensteine sind nicht mehr angemessen, insbesondere „Vision der Stakeholder" und „Bewährte Architektur" hätte man früher erörtert (wenn aber größere Änderungen eintreten, besteht durchaus Grund zur erneuten Betrachtung dieser Meilensteine). Eingehende Arbeitsflüsse aus anderen Teilen der Organisation werden gezeigt, genau wie in den Lebenszyklen Agil und Lean.

Der Lean Lebenszyklus in DAD

Der Lean Lebenszyklus in DAD in Abbildung 6.8 fördert schlanke Prinzipien, wie die Minimierung von Umlaufbeständen, die Maximierung des Flusses, einen kontinuierlichen Arbeitsstrom (statt fester Iterationen) und den Abbau von Engpässen. Dieser projektorientierte Lebenszyklus wird oft von Teams gewählt, für die Agil/Lean neu ist und die auf schnell wechselnde Stakeholder-Bedürfnisse reagieren müssen; das ist häufig ein Problem für Teams, die eine vorhandene Altlösung weiterentwickeln (aufrechterhalten), und für traditionelle Teams, die (zumindest nicht sofort) das Risiko einer Störung von Kultur und Prozess nicht eingehen wollen, das meist mit der Übernahme agiler Praktiken einhergeht. Dieser Lebenszyklus enthält mehrere wichtige Aspekte:

- **Teams bearbeiten Arbeitsaufgaben einzeln der Reihe nach.** Ein bedeutender Unterschied zwischen den Lebenszyklen Lean und Agil besteht im Fehlen von Iterationen. Neue Aufgaben werden einzeln aus dem Bestand geholt, wenn das Team Kapazitäten hat; im Gegensatz dazu holt das Team im iterationsbasierten Ansatz die Arbeit in kleinen Einheiten.
- **Arbeitsaufgaben werden Just in Time (JIT) priorisiert.** Arbeitsaufgaben werden als kleiner Bestand von Optionen gepflegt und oft nach Priorisierungszeitpunkt gegliedert – manche Aufgaben sind nach Wert (und hoffentlich Risiko) oder einem festen Liefertermin priorisiert, manche müssen beschleunigt werden (oftmals ein Produktionsproblem mit Schweregrad 1 oder eine Anfrage eines wichtigen Stakeholders), und gewisse Arbeiten sind immaterieller Art (wie die Bedienung von Technical Debt oder der Besuch von Lehrgängen). Priorisierung erfolgt praktisch auf der Basis von JIT, wobei das Team die zum Zeitpunkt der Abholung wichtigste Arbeitsaufgabe auswählt.
- **Tätigkeiten werden bei Bedarf und im notwendigen Umfang ausgeübt.** Wie die Priorisierung der Arbeit werden andere Tätigkeiten wie Planung, Präsentationen, Aufstockung des Bestands an Arbeitsaufgaben, Koordinationsbesprechungen, Entscheidungen über das weitere Vorgehen, vorausschauende Modellierung und viele andere auf JIT-Basis ausgeübt. Damit lässt sich in der Regel ein Teil des Overheads vermeiden, die für Teams im agilen Lebenszyklus anfällt; man braucht aber mehr Disziplin für die Entscheidung, wann genau die einzelnen Tätigkeiten ausgeführt werden sollen.

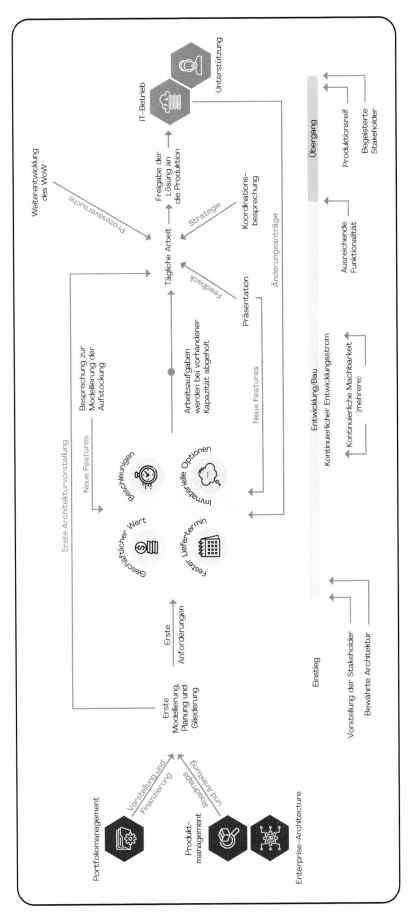

Abbildung 6.8 Der Lean Lebenszyklus in DAD.

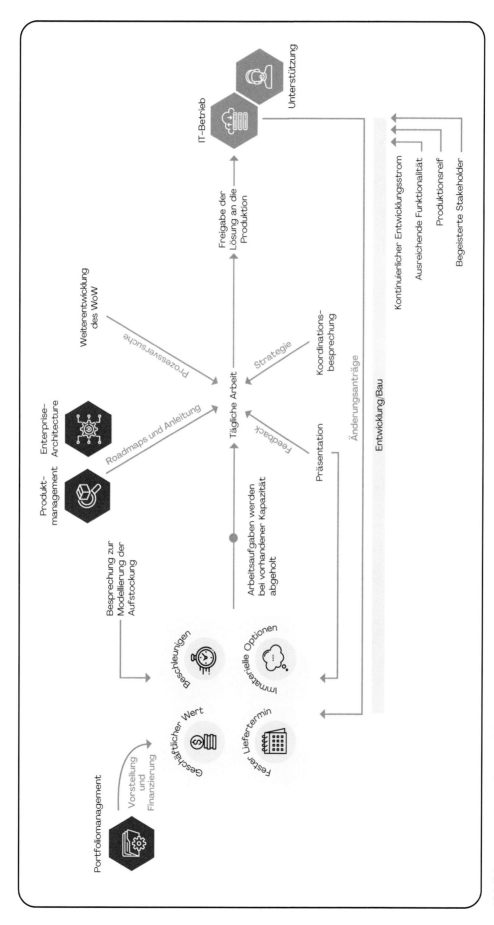

Abbildung 6.9 Der Lebenszyklus Continuous Delivery in DAD: Lean.

Ergebnisse führen zu kontinuierlicher Erforschung

Wir haben folgende interessante Beobachtung gemacht: Erfasst man Arbeitsaufgaben als Ergebnisse statt als Anforderungen wie User Storys, entwickelt sich dieser Lebenszyklus meist in eine kontinuierliche Erforschung der Stakeholderbedürfnisse statt in die kontinuierliche Auftragsannahme, die wir bei anforderungsgetriebenen Strategien sehen.

- **Teams managen ihren Arbeitsfluss aktiv.** Lean-Teams nutzen ein Kanban-Board [Anderson] zur Verwaltung ihrer Arbeit. Ein Kanban-Board skizziert grob den Zustand der Prozesse, wobei die einzelnen Spalten des Boards einen Zustand abbilden, zum Beispiel: Bearbeiter gebraucht, Wird erforscht, Warten auf Entwicklung, In Bau, Warten auf Test, Wird getestet und Fertig. Das sind nur Beispiele, denn mit der Wahl ihres WoW entwickeln die Teams auch ein Board, die ihrem WoW entspricht. Kanban-Boards werden oft auf Whiteboards oder über agile Managementsoftware implementiert. Die Arbeit wird in Form von Tickets („Klebezettel" auf dem Whiteboard) abgebildet; ein Ticket ist dabei eine Arbeitsaufgabe aus dem Bestand/ Backlog der Optionen oder eine Teilaufgabe einer Arbeitsaufgabe. In jeder Spalte gilt eine Obergrenze für Umlaufbestände, d. h. die Tickets für einen betreffenden Zustand dürfen eine gewisse Anzahl nicht überschreiten. Mit der Erledigung ihrer Arbeit ziehen die Mitglieder zur Koordinierung die entsprechenden Tickets durch den Prozess auf ihrem Kanban-Board.
- **Ausdrückliche Phasen, Meilensteine und eingehende Arbeitsflüsse.** Es gibt noch eine Einstiegs- und Übergangsphase sowie risikobasierte Meilensteine zur Unterstützung einer einheitlichen Führung und Aufsicht. Eingehende Arbeitsflüsse aus anderen Teilen der Organisation werden gezeigt, genau wie im Agilen Lebenszyklus.

Continuous Delivery in DAD: Lean Lebenszyklus

Der Lebenszyklus Continuous Delivery in DAD: Lean in Abbildung 6.9 ist eine natürliche Fortführung des Lean-Lebenszyklus. Teams erreichen diesen Lebenszyklus normalerweise vom Lean-Lebenszyklus oder vom Lebenszyklus Continuous Delivery: Agil. Dieser Lebenszyklus enthält mehrere wichtige Aspekte:

- **Die Auslieferung neuer Funktionalitäten ist in der Tat kontinuierlich.** Änderungen am Produktivsystem werden mehrmals täglich vom Team ausgeliefert, obwohl die Funktionalität vielleicht erst bei Bedarf aktiviert wird (diese DevOps-Strategie nennt man „Feature Toggle").
- **Automatisierung und technische Praktiken sind entscheidend.** Das ist ähnlich wie im Lebenszyklus Continuous Delivery: Agil.
- **Einstiegs- und Übergangsphase sind aus dem Diagramm verschwunden.** Die Gründe dafür sind dieselben wie im Lebenszyklus Continuous Delivery: Agil.
- **Ausdrückliche Meilensteine und eingehende Arbeitsflüsse.** Auch das ist ähnlich wie im Lebenszyklus Continuous Delivery: Agil.

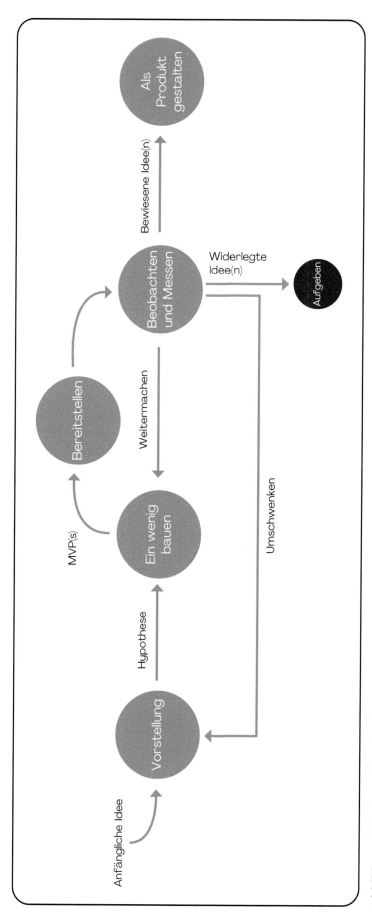

Abbildung 6.10 Der erforschende Lebenszyklus in DAD.

Der erforschende Lebenszyklus in DAD

Der erforschende Lebenszyklus in DAD, den Sie in Abbildung 6.10 sehen, beruht auf den von Eric Ries vertretenen Grundsätzen des Lean Startup. Der Grundgedanke von Lean Startup besteht darin, die Auslagen bei der Entwicklung neuer Produkte/Dienstleistungen (Angebote) auf dem Markt zu minimieren und statt dessen kleine Versuche durchzuführen. [Ries]. Man führt also einige Versuche zusammen mit potenziellen Kunden durch und stellt anhand ihrer tatsächlichen Nutzung fest, was sie sich wünschen; dieses Verfahren erhöht die Chancen, dass man etwas erzeugt, für das sich die Kunden wirklich interessieren. Dieser Ansatz mit auf Kunden ausgerichteten Experimenten zur Erforschung des Anwenderbedarfs ist eine wichtige Strategie im Design Thinking, mit der „knifflige Probleme" in Ihrer Domäne untersucht werden können. There are several critical aspects to this life cycle:

- **Es handelt sich um eine vereinfachte wissenschaftliche Methode.** Wir erstellen eine Hypothese über die Wünsche unserer Kunden, entwickeln ein oder mehrere Minimum Viable Products (MVPs), die bei einem Teil der potenziellen Kunden eingeführt werden, und dann beobachten und messen wir, wie sie mit dem oder den MVP(s) arbeiten. Anhand der erfassten Daten entscheiden wir dann über das weitere Vorgehen. Schwenken wir um und überdenken unsere Hypothese? Arbeiten wir ein oder mehrere MVPs um und führen neue Versuche durch, weil wir jetzt ein besseres Verständnis der Kundenbedürfnisse besitzen? Verwerfen wir eine oder mehrere Ideen? Machen wir mit einer oder mehreren Ideen weiter und verwandeln sie in Produkte und damit echte Angebote für unsere Kunden?
- **MVPs sind Investitionen in Lernen.** Die von uns erstellten MVPs werden zügig gebaut, oft in Form von „Smoke and Mirrors" oder Code in Prototyp-Qualität, deren einziger Zweck die Untersuchung einer Hypothese ist. Sie sind nicht das „echte Produkt" und wollen es auch gar nicht sein. Ein MVP ist ein Teil einer Funktionalität oder eines Serviceangebots, das wir unseren potenziellen Kunden vorlegen, damit wir sehen, wie sie darauf reagieren. Abbildung 6.11 zeigt einen Überblick über MVPs und verwandte Konzepte.
- **Mehrere Versuche parallel durchführen.** Im Idealfall lässt man in diesem Lebenszyklus zur Untersuchung der Hypothese mehrere Versuche parallel laufen. Das ist eine Verbesserung gegenüber Lean Startup, wo man die Versuche einzeln der Reihe nach durchführt. Obwohl es einfacher ist, jeweils nur einen Versuch durchzuführen, dauert es länger, bis man zu einem guten Verständnis gelangt, oder läuft sogar Gefahr, dass man eine Strategie festlegt, bevor andere Optionen überhaupt in Betracht gezogen wurden.
- **Gescheiterte Versuche sind trotzdem Erfolge.** Manche Organisationen zögern mit Versuchen, weil sie Angst vor einem Scheitern haben. Das ist schade, weil ein erforschender Ansatz wie dieser Ihr Risiko eines Scheiterns des Produkts (was meist umfangreich, teuer und peinlich ist) senkt. Unser Rat lautet: Scheitern muss sicher sein, man muss erkennen, dass ein negatives Versuchsergebnis trotzdem ein Erfolg ist, weil Sie damit kostengünstig gelernt haben, was nicht funktioniert, und Sie jetzt nach etwas suchen können, was funktionieren wird.
- **Zum Bau des echten Produkts einem anderen Lebenszyklus folgen.** Wenn wir auf eine oder mehrere Ideen gestoßen sind, die auf dem Markt Erfolg versprechen, müssen wir jetzt die „echte Lösung" bauen. Dazu folgen wir einem der anderen DAD-Lebenszyklen.

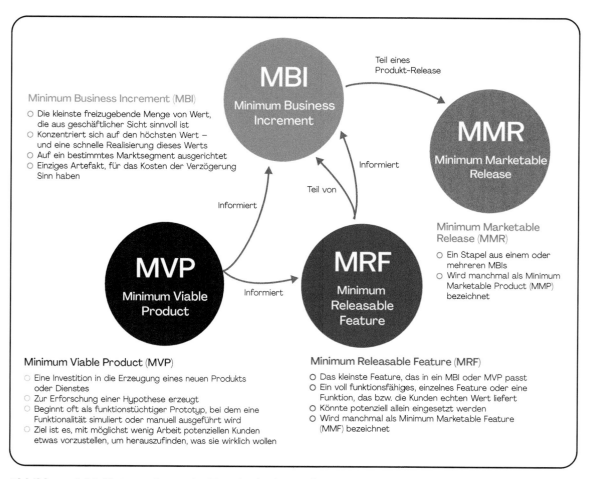

Abbildung 6.11 Untersuchung der Terminologie rund um MVPs.

Im Laufe der Jahre haben wir verschiedene Ausprägungen gesehen, oder vielleicht besser gesagt, verschiedene Anpassungen:

1. **Erforschung eines neuen Angebots.** Der überzeugendste Grund für die Anwendung dieses Lebenszyklus ist zumindest aus unserer Sicht die Erforschung einer Idee, die Ihre Organisation für ein neues Produkt hat.
2. **Erforschung eines neuen Features.** In kleinerem Umfang stellt der Erforschende Lebenszyklus praktisch die Strategie dar, einen A/B-Test oder getrennten Test durchzuführen; dabei werden verschiedene Versionen eines neuen Features implementiert und laufen parallel, sodass man die effektivste Version ermitteln kann.

3. **Parallele Machbarkeitsnachweise.** Bei einem Machbarkeitsnachweis (Proof of Concept, PoC) installieren und evaluieren Sie ein Paket, manchmal auch gebrauchsfertige Lösung (Commercial-off-the-shelf Solution, COTS) genannt, in Ihrer Umgebung. Das Risiko beim Erwerb von Software lässt sich wirksam senken, wenn man mehrere Machbarkeitsnachweise parallel durchführt – einen für jedes potenzielle Softwarepaket, das Sie in Betracht ziehen – und dann die Ergebnisse zur Ermittlung der besten verfügbaren Lösung vergleicht. Das nennt man oft „Bake-off" – „Backwettbewerb".

4. **Strategievergleiche.** Manche Organisationen stellen zunächst mehrere Teams für die Arbeit an einem Produkt auf; das ist oft bei Organisationen der Fall, die in wettbewerbsintensiven Umgebungen tätig sind. Die einzelnen Teams arbeiten durch die Einstiegsphase und vielleicht sogar ein wenig durch die Bauphase mit dem Ziel, eine Vision für das Produkt aufzustellen und ihre Architekturstrategie auszuprobieren. In diesem Fall ist ihre Arbeit mehr als ein MVP, aber nicht so weit fortgeschritten wie ein MBI. Nach einer gewissen Zeit wird dann die Arbeit der Teams verglichen und der beste Ansatz gewählt – das „Siegerteam" darf weitermachen und wird zum Produktteam.

Der Programmlebenszyklus in DAD für ein „Team aus Teams"

Der Programmlebenszyklus in DAD, der in Abbildung 6.12 zu sehen ist, beschreibt, wie man ein Team aus Teams strukturiert. Große agile Teams kommen in der Praxis nur selten vor, aber es gibt sie. Genau diese Situation wird von Skalierungsregelwerken wie SAFe, LeSS und Nexus behandelt. Dieser Lebenszyklus enthält mehrere wichtige Aspekte:

- **Es gibt eine explizite Einstiegsphase.** Bei einem neuen Team muss man wohl oder übel zunächst etwas Zeit in die Strukturierung investieren; das gilt insbesondere für große Teams, weil sie zusätzliche Risiken bergen. Das sollte man so schnell wie möglich machen; am besten spricht man ausdrücklich an, was zu tun ist und wie dabei vorgegangen wird.

- **Teilteams/Squads wählen ihren WoW und entwickeln ihn weiter.** Teilteams, die manchmal Squads („Trupps") genannt werden, sollten genau wie jedes andere Team ihren eigenen WoW wählen dürfen. Dazu gehört auch die Wahl der eigenen Lebenszyklen und Praktiken; nur zur Verdeutlichung: manche Teams folgen vielleicht dem agilen Lebenszyklus, andere wieder dem Lebenszyklus Continuous Delivery: Lean usw. Wir können den Teams zur Koordination innerhalb des Programms gewisse Schranken auferlegen, wie etwa die Befolgung allgemeiner Anleitungen und Strategien (sie sind im Prozessziel „Tätigkeiten koordinieren" erfasst). Wie Abbildung 6.13 zeigt, ist Einigung darüber zu erzielen, wie wir mit der teamübergreifenden Systemintegration und dem teamübergreifenden Testen (bei Bedarf) verfahren werden; die Optionen dafür sind im Prozessziel „Realisierung von Wert beschleunigen" bzw. im Prozessziel „Teststrategie entwickeln" erfasst. Während ein Regelwerk wie SAFe dafür eine Strategie wie einen Release Train vorschreiben würde, bietet DAD mehrere Optionen zur Auswahl und hilft Ihnen bei der Wahl der für Ihre Situation am besten geeigneten Strategie.

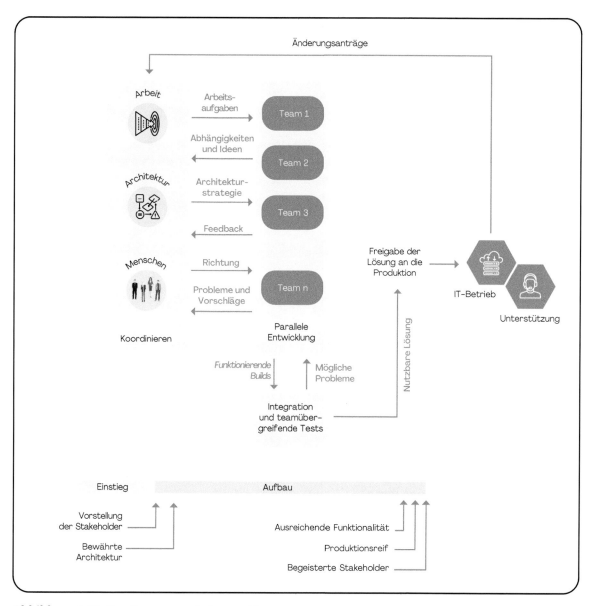

Abbildung 6.12 Der Programm-Lebenszyklus.

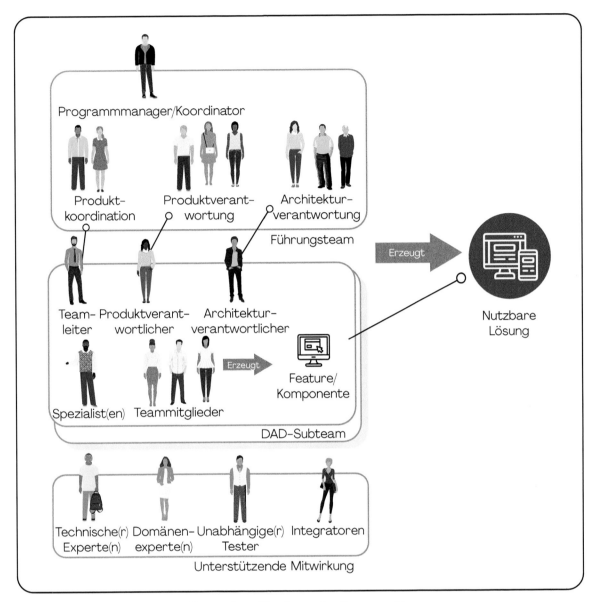

Abbildung 6.13 Eine potenzielle Struktur für ein großes Team aus Teams.

- **Teilteams können Featureteams oder Komponententeams sein.** In der agilen Community wurde jahrelang über die Vor- und Nachteile von Featureteams und Komponententeams debattiert. Die Arbeit des Featureteams ist vertikal an der Funktionalität ausgerichtet und implementiert eine Story oder bearbeitet einen Änderungsantrag von der Benutzeroberfläche bis hin zur Datenbank. Ein Komponententeam arbeitet an einem bestimmten Aspekt eines Systems, zum Beispiel einer Sicherheitsfunktionalität, Transaktionsverarbeitung oder Protokollierung. Nach unserer Erfahrung haben beide Teamtypen ihre Berechtigung und sind in bestimmten Situationen sinnvoll, in anderen wieder nicht; ihre Strategien können kombiniert werden, was in der Praxis auch oft geschieht.
- **Koordination erfolgt auf drei Ebenen.** Bei der Koordination unter mehreren Teilteams müssen wir drei Aspekte berücksichtigen: die Koordination der zu erledigenden Arbeit, die Koordination der technischen/architekturbezogenen Probleme und die Koordination der Mitarbeiterprobleme. In Abbildung 6.13 erfolgt diese Koordination durch die jeweiligen Product Owner, Architekturverantwortlichen und die Teamleitung. Die Product Owner eines jeden Teilteams werden sich selbst organisieren, Fragen zum Management der Arbeit/ Anforderungen untereinander behandeln und dafür sorgen, dass jedes Team zum richtigen Zeitpunkt die richtige Arbeit macht. Gleichermaßen wird das architekturverantwortliche Team sich selbst organisieren und die Architektur im Lauf der Zeit weiterentwickeln; die Teamleitungen werden sich selbst organisieren und die in den Teams auftretenden Mitarbeiterprobleme behandeln. Die drei Führungs-Teilteams können kleinere Kurskorrekturen, die im Lauf der Zeit normalerweise auftreten, bewerkstelligen. Die Teams wünschen sich eventuell gelegentliche Zusammenkünfte, bei denen sie den nächsten Arbeitsblock planen können. In SAFe wird diese Vorgehensweise Programm-Inkrement-Planung genannt und ein vierteljährlicher Turnus dafür vorgeschlagen. Wir empfehlen Ihnen, diese Besprechungen bei Bedarf und zu einem sinnvollen Zeitpunkt abzuhalten.
- **Systemintegration und Tests erfolgen parallel.** Abbildung 6.12 zeigt, dass es ein gesondertes Team zur Durchführung der allgemeinen Systemintegration und der teamübergreifenden Tests gibt. Im Idealfall sollte es sich nur um geringfügige Arbeit handeln, die im Lauf der Zeit vollständig automatisiert wird. Man braucht oftmals zunächst ein gesondertes Team, weil die Automatisierung fehlt. Man sollte sich jedoch darum bemühen, möglichst viele dieser Arbeiten zu automatisieren und den Rest an die Teilteams weiterzugeben. Wir haben allerdings herausgefunden, dass Tauglichkeitstests für die gesamte Lösung sowie in ähnlicher Form die Benutzerakzeptanztests (User Acceptance Testing, UAT) aus logistischen Gründen gesonderte Arbeit erfordern.
- **Teilteams sind so vollständig wie möglich.** Genau wie in einem normalen agilen Team sollte der Großteil der Testarbeit ebenso wie kontinuierliche Integration (Continuous Integration, CI) und Continuous Deployment (CD) in den Teilteams erfolgen.
- **Wir können zu jedem beliebigen Zeitpunkt ausrollen (deploy).** Wir bevorzugen einen Ansatz nach CD, obwohl Teams, die noch wenig Erfahrung mit agilen Programmen haben, eventuell Releases im vierteljährlichen (oder sogar noch längeren) Turnus beginnen und ihre Release-Kadenz im Lauf der Zeit verbessern. Teams, für die das alles neu ist, brauchen wahrscheinlich eine Übergangsphase. Manchmal spricht man in diesem Zusammenhang bei den ersten Malen von „Hardening Sprints" oder „Deployment Sprints". Das Prozessziel „Realisierung von Wert beschleunigen" erfasst mehrere Release-Optionen für Lieferteams;

das Prozessblatt Release-Management [ReleaseManagement] erfasst Optionen für die Organisationsebene. Ein Prozessblatt enthält eine zusammenhängende Sammlung von Prozessoptionen, wie Praktiken und Strategien, die kontextempfindlich ausgewählt und angewendet werden sollten. Jedes Prozessblatt behandelt eine bestimmte Kompetenz, wie Finanzen, Datenmanagement, Marketing oder Lieferantenmanagement. Prozessblätter werden genau wie Prozessziele anhand von Prozesszieldiagrammen beschrieben.

- **Skalieren ist schwer.** Für manche Probleme braucht man ein großes Team. Für den Erfolg ist es jedoch wichtig, dass Sie wissen, was Sie tun. Wenn Sie Schwierigkeiten mit Agil in kleinen Teams haben, sind Sie für Agil im großen Team noch nicht reif. Außerdem ist, wie wir in Kapitel 3 gelernt haben, Teamgröße nur einer von sechs Skalierungsfaktoren, mit denen sich unser Team eventuell befassen muss; die anderen sind geografische Verteilung, Komplexität der Domäne, technische Komplexität, Verteilung in der Organisation und regulatorische Compliance. Auf PMI.org/disciplined-agile/agility-at-scale werden diese Fragen (auf Englisch) eingehender behandelt.

Wann sollten Sie die einzelnen Lebenszyklen übernehmen?

Jedes Team sollte seinen eigenen Lebenszyklus wählen. Aber wie geht man dabei vor? Es ist verlockend, dem Portfoliomanagementteam die Auswahl zu übertragen – zumindest dieses Team fände das gut. Das Portfoliomanagementteam sollte höchstens bei der Initiierung eines Vorhabens einen (hoffentlich soliden) Vorschlag unterbreiten; letzten Endes sollte die Entscheidung für den Lebenszyklus aber im Team fallen, wenn der Lebenszyklus auch seine Wirkung zeigen soll. Diese Auswahl kann schwierig sein, vor allem für Teams, die noch wenig Erfahrung mit Agil und Lean haben. Ein wichtiges Element im Gerüst für die Prozessentscheidung, das DAD bereitstellt, ist die Hilfestellung für die Auswahl eines Lebenszyklus, so auch das Flussdiagramm in Abbildung 6.14.

Natürlich braucht man etwas mehr als dieses Flussdiagramm. Abbildung 6.15 zeigt eine Übersicht der nach unseren Erkenntnissen wichtigen Faktoren – aus dem Situation Context Framework (SCF) [SCF] –, die bei der Wahl eines Lebenszyklus zu berücksichtigen sind. Eine Auswahl einschränkender Faktoren, die wir bei der Wahl eines Lieferlebenszyklus bedenken:

1. **Fähigkeiten des Teams.** Die beiden Lebenszyklen der Continuous Delivery (continuous delivery, CD) verlangen vom Team eine Menge Können und Disziplin. Die anderen DAD-Lebenszyklen verlangen ebenfalls Können und Disziplin, diese beiden CD-Lebenszyklen aber ganz besonders. Beim seriellen Lebenszyklus kann man auch mit weniger qualifizierten Leuten arbeiten. Weil dieser Lebenszyklus von seiner Anlage her auf Übergabe orientiert ist, kann man die einzelnen Phasen mit Spezialisten mit einem eng begrenzten Fachgebiet besetzen. Wir haben aber auch viele traditionelle Teams mit sehr kompetenten Mitgliedern erlebt.
2. **Team- und Organisationskultur.** Der agile Lebenszyklus und der Lebenszyklus Continuous Delivery verlangen Flexibilität im Team und in den Teilen der Organisation, mit denen das Team zu tun hat. Schlanke Strategien können in Organisationen mit unterschiedlichem Grad an Flexibilität angewendet werden. Der serielle Lebenszyklus eignet sich für sehr starre Situationen, wo er auch oft eingesetzt wird.

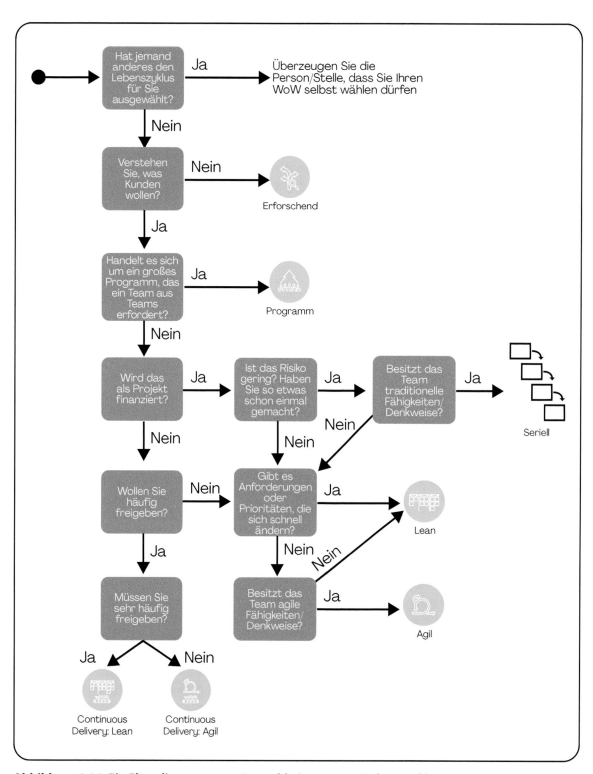

Abbildung 6.14 Ein Flussdiagramm zur Auswahl eines ersten Lebenszyklus.

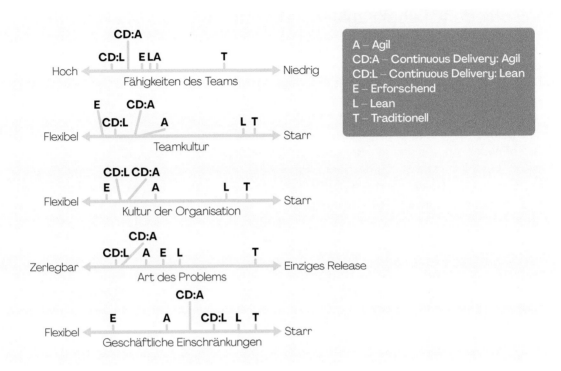

Abbildung 6.15 Faktoren für die Auswahl eines Lebenszyklus.

3. **Die Art des Problems.** Die Lebenszyklen Kontinuierliche Auslieferung (Continuous Delivery - CD) funktionieren sehr gut, wenn man in sehr kleinen Inkrementen bauen und freigeben kann. Die anderen DAD-Lebenszyklen funktionieren sehr gut, wenn man in sehr kleinen Inkrementen bauen und ausrollen kann. Seriell ist auf große Releases ausgerichtet.

4. **Geschäftliche Einschränkungen.** Verfügbarkeit und Bereitschaft der Stakeholder ist ein Kernproblem, aber auch Flexibilität bei Finanzen und Finanzierung ist von großer Bedeutung. Für den Erforschenden Lebenszyklus braucht man Stakeholder mit einer flexiblen, kundenorientierten und experimentierfreudigen Denkweise. Agil verlangt ebenfalls Flexibilität in unserem Umgang mit Stakeholdern, weil hier gern Funktionalitäten im Sinne von kompletten Features freigegeben werden. Überraschenderweise verlangen die Lebenszyklen Continuous Delivery weniger Flexibilität von den Stakeholdern, weil sie deaktivierte Funktionalitäten freigeben können und damit größere Kontrolle über den Zeitpunkt der Freigabe bieten (Aktivieren genügt).

Das Prozessziel „Weiterentwicklung von WoW" enthält einen Entscheidungspunkt, der die Vor- und Nachteile der sechs DAD-Lebenszyklen und einiger anderer Lebenszyklen erörtert, die noch nicht ausdrücklich von DAD unterstützt werden (wie seriell).

Verschiedene Lebenszyklen mit gemeinsamen Meilensteinen

In vielen Organisationen, die wir bei der Übernahme von DA beraten haben, zögern die Geschäftsführung und oft auch das mittlere Management damit, den Lieferteams die Wahl ihres eigenen WoW zu überlassen. Das Problem liegt in ihrer traditionellen Denkweise, denn die schreibt vor, dass die Teams ein und demselben „nachvollziehbaren Prozess" folgen müssen, damit die Geschäftsführung sie beaufsichtigen und anleiten kann. Diese Denkweise birgt zwei große Missverständnisse: Erstens können wir eine einheitliche, teamübergreifende Führung und Aufsicht haben, ohne einen gemeinsamen Prozess vorzuschreiben. Ein grundlegendes Mittel dazu ist die Übernahme gemeinsamer, risikobasierter (nicht artefaktbasierter) Meilensteine für alle Lebenszyklen. Genau das macht DAD; die gemeinsamen Meilensteine sind in Abbildung 6.16 zu sehen. Zweitens sind wiederholbare Ergebnisse weitaus wichtiger als wiederholbare Prozesse. Unsere Stakeholder wollen, dass wir ihre IT-Investitionen sinnvoll verwenden. Sie wollen, dass wir Lösungen produzieren – und weiterentwickeln –, die ihren tatsächlichen Bedarf erfüllen. Sie wollen diese Lösungen zügig. Sie wollen Lösungen, mit denen sie effektiv auf dem Markt konkurrieren können. Das sind die Ergebnisse, die Stakeholder immer wieder (d. h. wiederholt) wollen. Der Prozess, wie wir zu diesen Ergebnissen gelangen, interessiert sie weniger. Weitere Informationen zu wirksamen Führungs- und Aufsichtstrategien für agile/schlanke Teams finden sich im Prozessziel „Führung und Aufsicht über das Team".

Abbildung 6.16 Gemeinsame Meilensteine in den Lebenszyklen.

Sehen wir uns die risikobasierten Meilensteine in DAD etwas genauer an:

1. **Vorstellung der Stakeholder.** Ziel der Einstiegsphase ist es, die Zustimmung der Stakeholder einzuholen, dass die Initiative sinnvoll ist und in die Bauphase weitergeführt werden sollte; dafür sollte man nicht zu viel, aber ausreichend Zeit – meist ein paar Tage oder Wochen – veranschlagen. Über die Behandlung eines jeden einzelnen DAD-Einstiegsziels erfasst das Team traditionelle Projektinformationen über die *anfänglichen* Aspekte Inhalt und Umfang, Technik, Terminplan, Budget, Risiken und andere Informationen in möglichst einfacher Form. Diese Informationen werden konsolidiert und Stakeholdern als Vision Statement präsentiert, was im Prozessziel „Gemeinsamen Leitgedanken entwickeln" beschrieben ist. Das Format des Leitgedankens und die Förmlichkeit der Prüfung hängen von Ihrer jeweiligen Situation ab. Häufig wird am Ende der Einstiegsphase ein kleiner Satz Folien mit wichtigen Stakeholdern erörtert, um zu gewährleisten, dass Einvernehmen über die Absicht des Projekts und den Lieferansatz herrscht.
2. **Bewährte Architektur.** Frühe Risikobewältigung gehört zu jeder guten technischen Disziplin. Wie das Prozessziel „Architektur früh unter Beweis stellen" angibt, können Sie aus mehreren Strategien wählen. Am effektivsten ist es, ein durchgängiges Provisorium eines funktionierenden Codes zu bauen, der technisch riskante Geschäftsanforderungen implementiert. Eine der Hauptaufgaben für die Rolle des Architekturverantwortlichen besteht in der Identifizierung von Risiken während der Einstiegsphase. Es wird erwartet, dass diese Risiken durch Implementierung entsprechender Funktionalitäten in ein bis drei Iterationen in der Bauphase eingedämmt oder beseitigt sind. Mit der Anwendung dieses Ansatzes wird oft in frühen Iterationsprüfungen/Demos erkennbar, ob die Lösung nicht-funktionale Anforderungen zusätzlich zu oder anstelle von funktionalen Anforderungen unterstützen kann. Es ist deshalb wichtig, dass architekturkundige Stakeholder Gelegenheit zur Mitwirkung an diesen Meilensteinprüfungen bekommen.

Ausdrückliche Phasen und Führung und Aufsicht machen Agil für das Management attraktiver

Daniel Gagnon gehört seit einem knappen Jahrzehnt zu den führenden Persönlichkeiten in der agilen Praxis und Lieferung in zwei der größten Finanzinstitutionen Kanadas. Zur Verwendung von DA als allumfassendem Werkzeugsatz sagte er: „In den beiden großen Geldinstituten, in denen ich gearbeitet habe, wollte ich die pragmatischen Vorteile von DA als Ansatz „von oben" nachweisen. Prozessanpassung in großen, komplexen Organisationen zeigt deutlich, dass man eine große Anzahl an kontextspezifischen Implementierungen der vier (jetzt fünf) Lebenszyklen braucht, und DA erlaubt ein Spektrum an Möglichkeiten, das es in anderen Regelwerken nicht gibt. Wir sprechen hier jedoch von „strukturierter Freiheit", weil alle Auswahlmöglichkeiten nach wie vor der Anwendung von Einstieg, Bau und Übergang mit leichten, risikobasierten Meilensteinen unterliegen, die DA vorgibt. Diese Phasen sind für PMOs keine Unbekannten; das heißt also, dass wir ihre gefestigte Position nicht frontal angreifen, sondern die Änderung von Führung und Aufsicht auf schlanke, iterative und inkrementelle Art einführen."

3. **Kontinuierliche Machbarkeit.** Ein Meilenstein, den Sie in Ihren Release-Terminplan einbauen können, betrifft die Machbarkeit des Projekts. An gewissen Stellen im Projekt verlangen Stakeholder eventuell eine Prüfung, weil sie sicherstellen wollen, dass das Team auf den am Ende der Einstiegsphase vereinbarten Leitgedanken hinarbeitet. Die Festlegung dieser Meilensteine sorgt dafür, dass die Stakeholder die wichtigen Termine kennen, zu denen sie gemeinsam mit dem Team den Projektstatus bewerten und bei Bedarf Änderungen vereinbaren können. Bei diesen Änderungen geht es möglicherweise um die verschiedensten Aspekte, wie finanzielle Ausstattung, Zusammensetzung des Teams, Inhalt und Umfang, Risikobewertung oder sogar die mögliche Einstellung des Projekts. In einem Projekt von langer Dauer könnte man mehrere dieser Meilensteine anberaumen. Die echte Lösung anstelle dieser Meilensteinprüfung besteht jedoch in häufigeren Freigaben in die Produktion. Die tatsächliche Nutzung oder ihr Fehlen geben sehr deutliche Hinweise darauf, ob Ihre Lösung machbar ist.

4. **Ausreichende Funktionalität.** Es lohnt sich natürlich, eine verwertbare Lösung (Scrum spricht hier von einem potenziell lieferbaren Inkrement) am Ende einer jeden Iteration anzustreben; häufiger jedoch wird eine Anzahl von Iterationen im Bau verlangt, bevor das Team ausreichende Funktionalitäten für den Einsatz implementiert hat. Das wird manchmal Minimum Viable Product (MVP) genannt, was technisch aber nicht genau ist. Denn streng genommen dient ein MVP dazu, die Machbarkeit eines Produkts zu testen, und nicht als Hinweis auf minimale einsatzfähige Funktionalität. Der genauere Begriff im Zusammenhang mit diesem Meilenstein wäre „Minimum Feature Set" oder „Minimum Business Increment" (MBI), wie Abbildung 6.11 veranschaulicht. Ein MBI ist die kleinste machbare Verbesserung an einem vorhandenen Produkt/Service, die einem Kunden realisierten Wert liefert. Ein MBI umfasst eine oder mehrere Minimum Marketable Features (MMF), und eine MMF liefert den Endanwendern unserer Lösung ein positives Ergebnis. Ein Ergebnis muss eventuell über mehrere User Storys implementiert werden. Zum Beispiel bringt die Suche nach einem Artikel in einem E-Handelssystem einem Endanwender keinen Mehrwert, wenn er den gefundenen Artikel dann nicht in seinen Warenkorb legen kann. Der DAD-Meilenstein „Ausreichende Funktionalität" wird am Ende der Bauphase erreicht, wenn es ein MBI gibt und die Kosten für die Übergabe des Release an die Stakeholder gerechtfertigt sind. Ein Beispiel: Während ein Inkrement einer verwertbaren Lösung vielleicht mit jeder 2-wöchigen Iteration zur Verfügung steht, dauert es mehrere Wochen, bis es in einer Umgebung mit hohen Compliance-Anforderungen eingesetzt werden kann; die Kosten für den Einsatz sind eventuell erst dann gerechtfertigt, wenn mehr Funktionalität fertiggestellt ist.

5. **Produktionsreife.** Wenn die Funktionalität in ausreichendem Umfang entwickelt und getestet ist, müssen normalerweise die Tätigkeiten für den Übergang, wie Datenkonversion, abschließende Akzeptanztests, Produktion und Support-Dokumentation ausgeführt werden. Im Idealfall wurde ein Großteil der Arbeit kontinuierlich während der Bauphase im Rahmen der Fertigstellung der einzelnen Funktionalitäts-Inkremente erledigt. An einem gewissen Punkt muss die Entscheidung getroffen werden, dass die Lösung produktionsreif ist. Und darin liegt der Zweck dieses Meilensteins. Die beiden projektbasierten Lebenszyklen enthalten eine Übergangsphase, in der der Meilenstein „Produktionsreife" normalerweise

MVPs gegenüber MBIs

Daniel Gagnon hält diesen Rat bereit: Stellen Sie sich ein MVP als etwas vor, das die Organisation aus **eigennützigen** Gründen tut. Es geht hier ums Lernen, nicht um die Lieferung einer voll ausgereiften (oder manchmal sogar halbwegs funktionsfähigen!) Lösung. MBI dagegen ist **altruistisch** – hier geht es ausschließlich um die Bedürfnisse des Kunden.

als Prüfung implementiert wird. In den beiden Lebenszyklen Continuous Delivery sind dagegen Übergang/Release voll automatisiert und dieser Meilenstein wird programmatisch angegangen – die Lösung muss in der Regel automatisierte Regressionstests durchlaufen, und die automatisierten Analysetools stellen fest, ob die Qualität der Lösung ausreicht.

6. **Begeisterte Stakeholder.** Organe für Führung und Aufsicht und andere Stakeholder möchten natürlich wissen, wann die Initiative offiziell abgeschlossen ist, damit sie mit einem neuen Release beginnen oder andere Vorhaben finanzieren können. Die Initiative endet nicht, sobald die Lösung im Einsatz ist. Am Ende von Projekten werden oft abschließende Tätigkeiten durchgeführt, wie Schulungen, Feinabstimmung für den Einsatz, Support-Übergaben, Prüfungen nach der Implementierung oder sogar Garantiezeiten, bevor die Lösung als abgeschlossen gilt. Eines der Prinzipien von DA lautet: „Kunden begeistern." Das bedeutet, dass die bloße „Zufriedenstellung" von Kunden nicht genügt. Wir müssen feststellen, ob wir unsere Stakeholder begeistert haben. Das erfolgt meist durch Erfassung und Analyse geeigneter Kennzahlen, was manchmal als „Nutzenrealisierung" bezeichnet wird.

Lebenszyklen sind nur Ausgangspunkte.

DAD-Teams entwickeln sich oft von einem Lebenszyklus zum nächsten weiter. Denn DAD-Teams bemühen sich durch das Lernen aus ihren Erfahrungen und durch zweckorientierte Experimente stets um eine Optimierung des Arbeitsflusses, um die Verbesserung ihres WoW. Abbildung 6.17 zeigt die Entwicklungsphasen, die Teams unseren Beobachtungen zufolge gewöhnlich durchlaufen. Die Zeitangaben in Abbildung 6.17 geben unsere Erfahrungen mit Teams wieder, die von Schulungen in Disciplined Agile® (DA) und einem Disciplined Agile Coach (DAC)™ profitieren. Ohne diese Unterstützung ist mit längeren Laufzeiten und höchstwahrscheinlich mit höheren Gesamtkosten zu rechnen. Wenn man einem traditionellen Team beim Wechsel zu einem wirkungsvolleren WoW helfen will, beginnt man üblicherweise mit dem agilen Lebenszyklus. Dieser Ansatz kommt einem Sprung ins kalte Wasser gleich, hat sich aber als sehr wirksam erwiesen; in Kulturen, die Änderungen ablehnen, kann er allerdings schwierig sein. In diesem Diagramm wird auch der Ansatz nach Lean Kanban [Anderson] als möglicher Weg aufgezeigt: Hier beginnt das Team mit seinem vorhandenen WoW und entwickelt ihn im Lauf der Zeit anhand von kleinen Änderungen in den Lean Lebenszyklus weiter. Dieser Ansatz ist zwar sanfter, aber die Verbesserung stellt sich viel langsamer ein, weil die Teams oft weiterhin abgeschottet voneinander mit Kanban-Boards arbeiten, in deren Spalten herkömmliche Spezialgebiete abgebildet werden.

Weiterentwicklung des Lebenszyklus ist gut.

Wir wollen klar sagen, dass wir Scrum für eine tolle Sache halten, und Scrum bildet auch den Kern unserer beiden agilen Lebenszyklen. Wir haben jedoch zunehmend Widerstand in der agilen Community gegen die vorschreibenden Aspekte von Scrum festgestellt. Wie wir in unserem Buch *Introduction to Disciplined Agile Delivery* schreiben, sehen wir in der Praxis regelmäßig fortgeschrittene agile/Scrum-Teams, die bei ihrer „Verschlankung" die Prozessverschwendung in Scrum abschaffen, wie tägliche Besprechungen, Planung, Schätzungen und Retrospektiven. Die Scrum-Community verurteilt dieses Verhalten schnell als „Scrum, aber ..." – also etwas Scrum, aber nicht in vollem Umfang. Wir betrachten das jedoch als natürliche Weiterentwicklung, wenn das Team verschwenderische Aktivitäten durch die Lieferung von Mehrwert ersetzt. Die Gestalt dieser Teams, die auf natürliche Weise jeden Tag den ganzen Tag zusammenarbeiten, bedeutet, dass sie diese Meetings nicht nach einem bestimmten Schema abhalten müssen, sondern die Dinge lieber auf JIT-Basis dann erledigen, wenn sie nötig sind. Wir halten das nur für gut und natürlich.

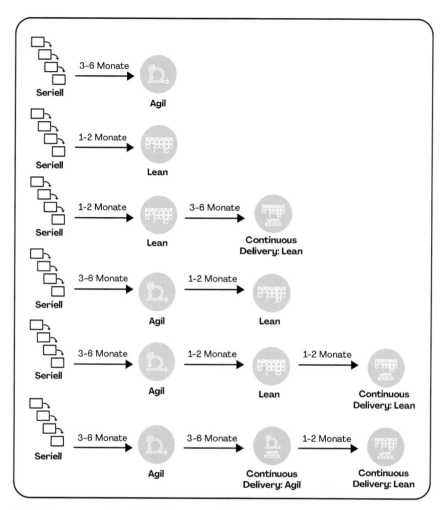

Abbildung 6.17 Gewöhnliche Entwicklungspfade von Lebenszyklen.

Abbildung 6.17 zeigt allerdings nicht, wo der Programm-Lebenszyklus und der Erforschende Lebenszyklus anzusiedeln sind. Erstens trifft die Abbildung in mancher Hinsicht auf den Programm-Lebenszyklus zu. Man kann einen agilen Programmansatz heranziehen, bei dem das Programm große Inkremente in einem regelmäßigen Turnus (z. B. vierteljährlich) freigibt (ähnlich wie in der Praxis der skalierenden Regelwerke Nexus, SAFe und LeSS). Man kann auch einen schlanken Programmansatz nehmen, bei dem die Teilteams Funktionalität in die Produktion fließen lassen, die dann auf Programmebene zum geeigneten Zeitpunkt aktiviert wird. Zweitens liegt der Fokus des Diagramms auf Lebenszyklen mit vollständiger Lieferung, während der erforschende Lieferlebenszyklus nicht als solcher gilt. Er wird in der Regel zum Testen einer Hypothese über ein potenzielles Marktangebot herangezogen. Sobald die Idee dann entsprechend ausgereift ist und das Produkt Erfolg verspricht, wechselt das Team zu einem der Lieferlebenszyklen in Abbildung 6.17. So ersetzt er einen großen Teil der Arbeiten des Teams in der Einstiegsphase. Es kommt auch häufig vor, dass ein Team mitten in der Entwicklung auf einmal eine neue Idee für ein wichtiges Feature hat, die genauer untersucht werden muss, bevor man intensive Entwicklungsarbeit in sie investiert. Das Team wechselt so lange in den Erforschenden Lebenszyklus, bis die Feature-Idee ausgereift ist oder die Vermarktbarkeit widerlegt wurde.

Zusammenfassung

In diesem Kapitel haben wir mehrere wichtige Konzepte beleuchtet:

- Manche Teams in Ihrer Organisation folgen vermutlich weiterhin einem seriellen Lebenszyklus. DAD erkennt diesen Umstand ausdrücklich an, bietet aber keine Unterstützung für diese im Schwinden begriffene Kategorie.
- DAD liefert das Gerüst, das man für die Auswahl und Weiterentwicklung eines der sechs Lebenszyklen zur Lösungslieferung (Solution Delivery Life Cycles, SDLC) braucht, die entweder auf agilen oder schlanken Strategien beruhen.
- Projektbasierte Lebenszyklen durchlaufen Phasen. Das gilt auch für agile und schlanke Lebenszyklen.
- Jeder Lebenszyklus hat seine Vor- und Nachteile; jedes Team muss den Lebenszyklus wählen, der seinen Kontext am besten wiedergibt.
- Gemeinsame risikobasierte Meilensteine erlauben eine einheitliche Führung und Aufsicht. Sie müssen nicht allen Ihren Teams denselben Prozess aufzwingen, um sie führen und beaufsichtigen zu können.
- Ein Team beginnt mit einem bestimmten Lebenszyklus und entwickelt sich dann oft davon weg, während es kontinuierlich seinen WoW verbessert.

Kapitel 7

Disziplinierter Erfolg

Bisweilen gilt Disciplined Agile Delivery (DAD) als „kompliziert", weil sie Ihnen im Kern bei der Auswahl einer zweckdienlichen Arbeitsweise (Way of Working, WoW) helfen will, statt Ihnen einfach eine kleine Sammlung „bewährter Praktiken" vorzugeben, denen Sie folgen müssen. Das ist schade, denn die unbequeme Wahrheit ist nun einmal, dass die wirksame Lieferung von IT-Lösungen noch nie einfach war und es auch nie sein wird. Das Instrumentarium von Disciplined Agile (DA) hält lediglich der naturgegebenen Komplexität, mit der wir als Fachleute in Unternehmensumgebungen konfrontiert sind, einen Spiegel vor und gibt Ihnen das Rüstzeug, einen Weg durch diese Komplexität zu finden.

Wenn Sie Agil praktizieren, nutzen Sie bereits DA

Denken Sie zum Beispiel an Scrum: Scrum ist ein Teilsatz von zwei Lebenszyklen in DAD. Wenn Sie nur Scrum praktizieren, betreiben Sie praktisch eine Form von DAD. Wenn Sie sich jedoch nur auf Scrum verlassen, sind Ihnen vermutlich einige Aspekte unbekannt, die Sie bedenken sollten, oder Sie lassen die ergänzenden Praktiken außer Acht, mit denen Sie am effektivsten arbeiten können. Unsere Erfahrung hat gezeigt, dass Schwierigkeiten mit effektiver Arbeit unter Agil oft auf die Unkenntnis hilfreicher Strategien oder auf die Beratung durch unerfahrene, unwissende oder puristische agile Coaches zurückzuführen sind.

DA ist Agil für das Unternehmen

Leider ist unsere Branche voll von „Vordenkern", die ihren Weg für den einzig wahren Weg halten – oftmals, weil sie nichts anderes verstehen. DA beruht auf empirischen Beobachtungen in einem breiten Fächer von Branchen, Organisationen und den verschiedensten projekt- und produktbasierten, großen und kleinen Initiativen. Die Flexibilität und Anpassungsfähigkeit, die DA zu eigen sind, gehören somit auch zu den Gründen, warum DA als Instrumentarium so nützlich ist. DA *ist einfach sinnvoll* wegen seiner Ausrichtung auf:

1. pragmatische und agnostische *mehr als* puristische Ansätze;
2. kontextgetriebene Entscheidungen *mehr als* Ansätze im Einheitsformat und
3. Auswahl von Strategien *mehr als* Ansätze mit Vorschriftcharakter.

Als „Scrum Shop" verpassen Sie höchstwahrscheinlich einige gute Gelegenheiten zur Optimierung Ihrer Arbeitsweise. Scrum als Lebenszyklus ist für viele Situationen eigentlich phänomenal schlecht geeignet. Deshalb gibt es in Ihrer Organisation Teams, die einem Lean/Kanban-basierten Ansatz oder einem anderen, nicht Scrum-basierten Ansatz folgen – auch jetzt, während Sie diese Zeilen lesen. Wenn Sie sich nur auf Scrum oder ein auf Scrum beruhendes Regelwerk wie SAFe, Nexus oder LeSS verlassen, empfehlen wir Ihnen, Ihren Horizont mit DA zu erweitern, damit Sie weitere geeignete Ansätze und Praktiken kennenlernen.

Schneller lernen und früher Erfolg haben

Agil spricht gern von „schnell scheitern". Das bedeutet, dass wir das Benötigte umso schneller erreichen, je schneller wir scheitern und aus unseren Fehlern lernen. Nach unserer Erfahrung jedoch scheitern wir weniger und haben früher Erfolg, wenn wir bewährte kontextbasierte Strategien heranziehen. In unserer täglichen Arbeit treffen wir ständig Entscheidungen, weshalb wir DA als Werkzeugsatz für Prozessentscheidungen bezeichnen. Wenn wir den Werkzeugsatz, der uns bei der Entscheidungsfindung hilft, ignorieren, vergessen wir entweder manche Aspekte, die wir berücksichtigen müssen, oder treffen schlechte Entscheidungen zur Auswahl der Verfahren, mit denen wir zur Verbesserung unseres WoW experimentieren. DA zeigt Entscheidungspunkte für Diskussionen auf und macht das Implizite explizit. Wenn wir zum Beispiel in der Einstiegsphase mit einer Initiative beginnen und uns auf das Zieldiagramm „Teststrategie entwickeln" beziehen, kommt das einem Coach gleich, der Ihnen auf die Schulter tippt und fragt: „Wie werden wir das Ding testen?", „Welche Umgebungen brauchen wir?", „Wo kriegen wir die Daten her?", Welche Werkzeuge brauchen wir?", „Wie viel erfolgt automatisiert statt manuell?" und „Testen wir vorher oder hinterher?" Weil wir diese wichtigen Entscheidungen an die Oberfläche bringen, damit
Ihr Team ausdrücklich darüber nachdenkt, senken wir die Gefahr, dass wir etwas vergessen, und erhöhen die Chance, dass Sie eine gut geeignete Strategie wählen. Wir sprechen hier von kontinuierlicher Verbesserung unter Anleitung (Guided continuous improvement, GCI)

Nutzen Sie den DA-Browser

Wir haben die Zieldiagramme unter PMI.org/disciplined-agile/process/introduction-to-dad/process-goals veröffentlicht, damit Sie schnell nachschlagen können. Wenn Sie die Einzelheiten hinter den Zieldiagrammen kennenlernen wollen, gehen Sie zu PMI.org/disciplined-agile/da-browser. In der Praxis verweisen wir in unserem Coaching regelmäßig auf Zieldiagramme und zeigen, warum bestimmte Praktiken in bestimmten Situationen weniger Wirkung zeigen und welche Alternativen man berücksichtigen sollte. Verwenden Sie Ihr bevorzugtes Werkzeug in Ihren Retrospektiven. Wenn Ihr Team Schwierigkeiten mit der wirksamen Erfüllung eines Prozessziels hat, prüfen Sie, welche Optionen und Werkzeuge Sie zur Behebung der Situation ausprobieren können. Wenn Sie als Coach arbeiten, sollte DA Ihnen zu einer wirksameren Unterstützung von Teams verhelfen, die ihre verfügbaren Auswahlmöglichkeiten mit ihren jeweiligen Vor- und Nachteilen verstehen wollen.

Investieren Sie in die Zertifizierung, damit Sie Ihr neues Wissen nicht vergessen

Wir sind sicher, dass Sie in diesem Buch neue Verfahren kennengelernt haben, die Sie zu einem besseren Agilisten machen und die Chancen auf Erfolg in Ihren Initiativen erhöhen werden. Es ist wichtig, dass Sie diese neuen Ideen nicht vergessen. Wir raten Ihnen, dieses neue Wissen zu verfestigen, indem Sie sich in die Materie einarbeiten und die Zertifizierungsprüfungen absolvieren. Die Prüfungen sind schwer, aber sie führen zu einer wertvollen und glaubwürdigen Zertifizierung, für die sich die Aktualisierung Ihres LinkedIn-Profils wirklich lohnt. Den Beobachtungen von Firmen zufolge, mit denen wir gearbeitet haben, treffen Teams, die in Lernen und Zertifizierung investieren, bessere Entscheidungen und sind deshalb effektiver als Teams, die ihre Optionen und damit einhergehenden Kompromisse nicht verstehen. Bessere Entscheidungen führen zu besseren Ergebnissen.

Investieren Sie in das Studium der Materie und beweisen Sie das mit Ihrer Zertifizierung. Sie werden zu einem besseren Agilisten, und Ihre Umgebung wird dies merken. Mehr über den Zertifizierungsprozess des PMI® zu Agil erfahren Sie unter PMI.org/certifications/agile-certifications.

Engagieren Sie sich bitte

Wir empfehlen Ihnen auch, sich in der Disciplined Agile Community zu engagieren. Neue Ideen und Praktiken kommen aus der Community und werden kontinuierlich in DA integriert. Versuchen wir, voneinander zu lernen, denn wir alle wollen unser Handwerk vertiefen und beherrschen.

Quellenverzeichnis

[AgileDocumentation] *Agile/Lean Documentation: Strategies for Agile Software Development.*
AgileModeling.com/essays/agileDocumentation.htm

[AgileModeling] Agile Modeling Home Page. AgileModeling.com

[AmblerLines2012] *Disciplined Agile Delivery: A Practitioner's Guide to Agile Software Delivery in the Enterprise.* Scott Ambler & Mark Lines, 2012, IBM Press.

[AmblerLines2017] *An Executive's Guide to Disciplined Agile: Winning the Race to Business Agility.* Scott Ambler & Mark Lines, 2017, Disciplined Agile Consortium.

[Anderson] *Kanban: Successful Evolutionary Change for Your Technology Business.* David J. Anderson, 2010, Blue Hole Press.

[Beck] *Extreme Programming Explained: Embrace Change (2nd Edition).* Kent Beck & Cynthia Andres, 2004, Addison-Wesley Publishing.

[Brooks] *The Mythical Man-Month, 25th Anniversary Edition.* Frederick P. Brooks Jr., 1995, Addison-Wesley.

[CMMI] *The Disciplined Agile Framework: A Pragmatic Approach to Agile Maturity.*
DisciplinedAgileConsortium.org/resources/Whitepapers/DA-CMMI-Crosstalk-201607.pdf

[CockburnHeart] Heart of Agile Home Page. HeartOfAgile.com

[CoE] Centers of Excellence (CoE). PMI.org/disciplined-agile/people/centers-of-excellence

[ContinuousImprovement] Continuous Improvement.
PMI.org/disciplined-agile/process/continuous-improvement

[CoP] Communities of Practice (CoPs). PMI.org/disciplined-agile/people/communities-of-practice

[Coram] *Boyd: The Fighter Pilot Who Changed the Art of War.* Robert Coram, 2004, Back Bay Books.

[Cynefin] *A Leader's Framework for Decision Making.* David J. Snowden & Mary E. Boone, *Harvard Business Review*, November 2007. hbr.org/2007/11/a-leaders-framework-for-decision-making

[DABrowser] The Disciplined Agile Browser. PMI.org/disciplined-agile/da-browser

[DADRoles] Roles on DAD Teams. PMI.org/disciplined-agile/people/roles-on-dad-teams

[DAHome] Disciplined Agile Home Page. PMI.org/disciplined-agile

[DALayers] Layers of the Disciplined Agile Tool Kit.
PMI.org/disciplined-agile/ip-architecture/layers-of-the-disciplined-agile-tool-kit

[Deming] *The New Economics for Industry, Government, Education*. W. Edwards Deming, 2002, MIT Press.

[Denning] *The Agile of Agile: How Smart Companies Are Transforming the Way Work Gets Done*. Stephen Denning, 2018, AMACON.

[Doer] *Measure What Matters: How Google, Bono, and the Gates Foundation Rock the World with OKRs*. John Doer, 2018, Penguin Publishing Group.

[DSDM] *Dynamic Systems Development Method (DSDM)*. Jennifer Stapleton, 1997, Addison-Wesley Professional.

[ExecutableSpecs] *Specification by Example: How Successful Teams Deliver the Right Software*. Gojko Adzic, 2011, Manning Press.

[Fowler] *The State of Agile Software in 2018*. Martin Fowler, MartinFowler.com/articles/agile-aus-2018.html

[Gagnon] *A Retrospective on Years of Process Tailoring Workshops*. Daniel Gagnon, 2018, ProjectManagement.com/blog-post/61957/A-retrospective-on-years-of-process-tailoring-workshops

[GenSpec] *Generalizing Specialists: Improving Your IT Career Skills*. AgileModeling.com/essays/generalizingSpecialists.htm

[Goals] Process Goals. PMI.org/disciplined-agile/process-goals

[Goldratt] *The Goal: A Process of Ongoing Improvement—3rd Revised Edition*. Eli Goldratt, 2004, North River Press.

[Google] *Five Keys to a Successful Google Team*. Julia Rozovsky, n.d., https://rework.withgoogle.com/blog/five-keys-to-a-successful-google-team/

[GQM] *The Goal Question Metric Approach*. Victor R. Basili, Gianluigi Caldiera, & H. Dieter Rombach, 1994, http://www.cs.toronto.edu/~sme/CSC444F/handouts/GQM-paper.pdf

[Highsmith] *Agile Software Development Ecosystems*. Jim Highsmith, 2002, Addison-Wesley.

[Host] The Host Leadership Community. HostLeadership.com

[HumbleFarley] *Continuous Delivery: Reliable Software Releases through Build, Test, and Deployment Automation*. Jez Humble & David Farley, 2010, Addison-Wesley Professional.

[Kim]. *DevOps Cookbook*. RealGeneKim.me/devops-cookbook/

[Kerievsky] *Modern Agile*. ModernAgile.org/

[Kersten] *Project to Product: How to Survive and Thrive in the Age of Digital Disruption With the Flow Framework*. Mik Kersten, 2018, IT Revolution Press.

[Kerth] *Project Retrospectives: A Handbook for Team Reviews*. Norm Kerth, 2001, Dorset House.

[Kotter] *Accelerate: Building Strategic Agility for a Faster Moving World*. John P. Kotter, 2014, Harvard Business Review Press.

[Kruchten] *The Rational Unified Process: An Introduction 3rd Edition*. Philippe Kruchten, 2003, Addison-Wesley Professional.

[LeanChange1] *The Lean Change Method: Managing Agile Organizational Transformation Using Kanban, Kotter, and Lean Startup Thinking*. Jeff Anderson, 2013, Createspace.

[LeanChange2] Lean Change Management Home Page. LeanChange.org

[LeSS] *The LeSS Framework*. LeSS.works.

[LifeCycles] Full Agile Delivery Life Cycles. PMI.org/disciplined-agile/lifecycle

[Liker] *The Toyota Way: 14 Management Principles from the World's Greatest Manufacturer*. Jeffery K. Liker, 2004, McGraw-Hill.

[LinesAmbler2018] *Introduction to Disciplined Agile Delivery 2nd Edition: A Small Agile Team's Journey from Scrum to Disciplined DevOps*. Mark Lines & Scott Ambler, 2018, Project Management Institute.

[Manifesto] *The Agile Manifesto*. AgileManifesto.org

[MCSF] *Team of Teams: New Rules of Engagement for a Complex World*. S. McChrystal, T. Collins, D. Silverman, & C. Fussel, 2015, Portfolio.

[Meadows] *Thinking in Systems: A Primer*. Daniella H. Meadows, 2015, Chelsea Green Publishing.

[Nonaka] *Toward Middle-Up-Down Management: Accelerating Information Creation*. Ikujiro Nonaka, 1988, https://sloanreview.mit.edu/article/toward-middleupdown-management-accelerating-information
-creation/

[Nexus] *The Nexus Guide*. Scrum.org/resources/nexus-guide

[Pink] *Drive: The Surprising Truth About What Motivates Us*. Daniel H. Pink, 2011, Riverhead Books.

[Poppendieck] *The Lean Mindset: Ask the Right Questions*. Mary Poppendieck & Tom Poppendieck, 2013, Addison-Wesley Professional.

[Powers] *Powers' Definition of the Agile Mindset*. AdventuresWithAgile.com/consultancy/powers-definition-agile-mind-set/

[Prison] Tear Down the Method Prisons! Set Free the Practices! I. Jacobson & R. Stimson, *ACM Queue*, Januar/Februar 2019.

[Reifer] *Quantitative Analysis of Agile Methods Study (2017): Twelve Major Findings*. Donald J. Reifer, 2017, InfoQ.com/articles/reifer-agile-study-2017

[Reinertsen] *The Principles of Product Development Flow: Second Generation Lean Product Development*. Donald G. Reinertsen, 2012, Celeritis Publishing.

[ReleaseManagement] Release Management. PMI.org/disciplined-agile/process/release-management

[Ries] *The Lean Startup: How Today's Entrepreneurs Use Continuous Innovation to Create Radically Successful Businesses*. Eric Ries, 2011, Crown Business.

[RightsResponsibilities] Team Member Rights and Responsibilities. PMI.org/disciplined-agile/people/rights-and-responsibilities

[Rubin] *Essential Scrum: A Practical Guide to the Most Popular Process*. Ken Rubin, 2012, Addison-Wesley Professional.

[SAFe] *SAFe 4.5 Distilled: Applying the Scaled Agile Framework for Lean Enterprises (2nd Edition)*. Richard Knaster & Dean Leffingwell, 2018, Addison-Wesley Professional.

[SCF] *Scaling Agile: The Situation Context Framework*. PMI.org/disciplined-agile/agility-at-scale/tactical-agility-at-scale/scaling-factors

[SchwaberBeedle] *Agile Software Development With SCRUM*. Ken Schwaber & Mike Beedle, 2001, Pearson.

[Schwartz] *The Art of Business Value*. Mark Schwartz, 2016, IT Revolution Press.

[ScrumGuide] *The Scrum Guide*. Jeff Sutherland & Ken Schwaber, 2018, Scrum.org/resources/scrum-guide

[SenseRespond] *Sense & Respond: How Successful Organizations Listen to Customers and Create New Products Continuously*. Jeff Gothelf & Josh Seiden, 2017, Harvard Business Review Press.

[Sheridan] *Joy, Inc.: How We Built a Workplace People Love*. Richard Sheridan, 2014, Portfolio Publishing.

[SoftDev18] *2018 Software Development Survey Results*. Ambysoft.com/surveys/softwareDevelopment2018.html

[Sutherland] *Scrum: The Art of Doing Twice the Work in Half the Time*. Jeff Sutherland & J. J. Sutherland, 2014, Currency.

[Tailoring] Process Tailoring Workshops. PMI.org/disciplined-agile/process/process-tailoring-workshops

[TDD] *Introduction to Test-Driven Development (TDD)*. Scott Ambler, 2004, AgileData.org/essays/tdd.html

[WomackJones] *Lean Thinking: Banish Waste and Create Wealth in Your Corporation*. James P. Womack & Daniel T. Jones, 1996, Simon & Schuster.

[WickedProblemSolving] Wicked Problem Solving. PMI.org/wicked-problem-solving

Akronyme und Abkürzungen

AIC	agile industrial complex / Agil-industrieller Komplex
AINO	agile in name only / Agile in Name Only
AO	architecture owner / Architekturverantwortlicher
ATDD	acceptance test-driven development / Akzeptanztestgetriebene Entwicklung (Acceptance Test-Driven Develoment)
BA	business analyst / Geschäftsanalyst
BDD	behavior-driven development / Behavior-Driven Development
CAS	complex adaptive system / komplexes adaptives System
CCB	change control board / Steuerungsgremium für Änderungen
CD	continuous deployment / Continuous Deployment (kontinuierliche SW-Bereitstellung)
CI	continuous integration / fortlaufende Integration continuous improvement / kontinuierliche Verbesserung
CMMI	Capability Maturity Model Integration / Capability Maturity Model Integration (Prozessreifegradmessung)
CoE	center of expertise / Kompetenzzentrum center of excellence / Center of Excellence
CoP	community of practice / Community of Practice
COTS	commercial off the shelf / Commercial off the shelf-Software (Standardsoftware)
DA	Disciplined Agile / Disciplined Agile
DAE	Disciplined Agile Enterprise / Disciplined Agile Enterprise
DBA	database administrator / Datenbank-Administrator
DevOps	Development-Operations / Development-Operations (aus der Entwicklung in den Betrieb)
DoD	definition of done / Definition of Done (Liste von Fertigstellungskriterien)
DoR	definition of ready / Definition of Ready
EA	enterprise architect / Enterprise-Architect (IT-Architekt auf Unternehmenslevel) enterprise architecture / Enterprise-Architecture
FT	functional testing / funktionales Testen
GCI	guided continuous improvement / Guided Continuous Improvement (geführte kontinuierliche Verbesserung)
GQM	goal question metric / Goal Question Metric
ISO	International Organization for Standardization / Internationale Standardisierungs-Organisation
IT	information technology / Informationstechnik
ITIL	Information Technology Infrastructure Library / Information Technology Infrastructure Library
JIT	just in time / Just in Time
KPI	key performance indicator / wichtige Leistungskennzahl
LeSS	Large Scale Scrum / groß angelegtes Scrum
MBI	minimum business increment / Minimum Business Increment (minimaler geschäftlicher Mehrwert)
MMF	minimum marketable feature / Minimum Marketable Feature (minimales vermarktbares Feature)
MMP	minimum marketable product / Minimum Marketable Product (minimales vermarktbares Produkt)
MMR	minimum marketable release / Minimum Marketable Release (minimales vermarktbares Release)

MVC	minimal viable change / geringste durchführbare Veränderung
MVP	minimum viable product / Minimum Viable Product (minimales funktionsfähiges Produkt)
OKR	objectives and key results / Objectives and Key Results (Zielsetzung und Messung von Ergebnissen)
OODA	observe-orient-decide-act / Observe-Orient-Decide-Act (Entscheidungszyklus)
PDCA	plan-do-check-act / Plan-Do-Check-Act
PDSA	plan-do-study-act / Plan-Do-Study-Act
PI	program increment / Programm-Inkrement
PM	project manager / Projektmanager
PMI	Project Management Institute / Project Management Institute
PMO	project management office / Projektmanagementbüro
PO	product owner / Produktverantwortlicher
PoC	proof of concept / Machbarkeitsnachweis
ROI	return on investment / Investitionsrendite
RUP	Rational Unified Process / Rational Unified Process
SAFe	Scaled Agile Framework / Scaled Agile Framework
SCF	Situation Context Framework / Situational Context Framework
SDLC	system delivery life cycle / Systemlieferlebenszyklussoftware delivery life cycle / Softwarelieferlebenszyklussolution delivery life cycle / Lösungslieferlebenszyklus
SLA	service-level agreement / Service Level Agreement (Dienstgütevereinbarung)
SME	subject matter expert / Domänenexperte
TDD	test-driven development / testgetriebene Entwicklung
ToC	theory of constraints / Engpasstheorie
UAT	user acceptance test / Benutzerakzeptanztestuser acceptance test / Benutzerakzeptanztesten
UI	user interface / Benutzeroberfläche
UP	unified process / Unified Process
WIP	uork in process / Work in Progress (Umlaufbestände)
XP	eXtreme Programming / eXtreme Programming

Index

Über die Verfasser

Scott W. Ambler ist Vice President und leitender Wissenschaftler für Disciplined Agile am Project Management Institute, wo er die Weiterentwicklung des DA Werkzeugsatzes leitet. Scott hat zusammen mit Mark Lines den Werkzeugsatz Disciplined Agile (DA) entwickelt und ist Urheber der Methodiken *Agile Modeling (AM), Agile Data (AD)* und *Enterprise Unified Process (EUP)*. Er ist Mitverfasser mehrerer Bücher, wie *Disciplined Agile Delivery, Refactoring Databases, Agile Modeling, Agile Database Techniques, The Object Primer – Third Edition* und viele andere. Scott ist ein gefragter Keynote-Redner auf Kongressen und bloggt auf ProjectManagement.com; Sie können ihm auf Twitter über @scottwambler folgen.

Mark Lines ist Vice President für Disciplined Agile am Project Management Institute und Disciplined Agile Fellow. Er war an der Entwicklung des DA-Werkzeugsatzes beteiligt und hat gemeinsam mit Scott Ambler mehrere Bücher zu Disciplined Agile verfasst. Mark ist ein gefragter Keynote-Redner auf Kongressen; Sie können ihm auf Twitter über @mark_lines folgen.